藏在漢字裡的古代生活史

# 漢字裡的故事

許暉

著

# 引言

「華人的祖先到底是怎麼生活的？」

對於這個問題，相信很多人都很感興趣。畢竟，「我們從哪裡來」的原初性疑問彰顯了人類尋根的本能衝動。

而在傳承數千年的漢字象形系統中，埋藏著古代生活史的蛛絲馬跡。這就是編撰《說文解字》的東漢學者許慎在該書的「序」中所道出的造字原則：「近取諸身，遠取諸物。」所謂「近取諸身」，就是從身邊的日常生活中取象；所謂「遠取諸物」，就是從遠處的萬事萬物中取象。

「近取諸身」，古人在造字時，把日常生活的各個方面，一筆一畫地用圖畫的形式契刻下來而成為象形文字。因此，從這一類漢字中就可以窺見祖先生活之一斑。

閒言少敘，舉例為證。用作貨幣的「貝」，甲骨文中的字形全部都是子安貝的形狀。子安貝是出產於遙遠的南海的海貝，而商代的墓葬中竟然有大量出土，而更早的河南偃師二里頭文化遺址中也出土了十二枚，甚至四千多年前的山西襄汾陶寺遺址中也發現了子安貝。

因此，「貝」這個字傳遞出來的資訊是：商代及其更早的時期，中原和南海之間有著暢通且發達的貿易管道。商人不辭辛勞，遠行到南海去撈取或交換子安貝，拿到手了，就是「得」，「得」字就是這樣造出

來的；作為貨幣的「貝」，以「朋」為計算單位，一「朋」有二貝、五貝、十貝之說，「朋」就是連繫在一起的兩串貝，引申到人的身上，就是朋友；而「買」和「賣」，顯然指拿著貝去買和賣東西……所有帶有「貝」的漢字都與錢財有關，比如貨、資、貧、財、債、賄、賒、購、賞、賊、質、寶等。

這個例子，就是用「貝」串連起來的與貨幣有關的古人生活史。

這本小書，把一百零一個漢字分為飲食、服飾、居所、出行、狩獵、食貨六個專題，從「近取諸身」的造字原則入手，詳細講解華人的祖先日常生活中的有趣景象。

# 目　錄

飲食篇

服飾篇 ——— 服飾篇

居所篇 ——— 居所篇

出行篇 ——————————— 出行篇

楖欂篇 ———————— 狩獵篇

食貨篇 ———————— 食貨篇

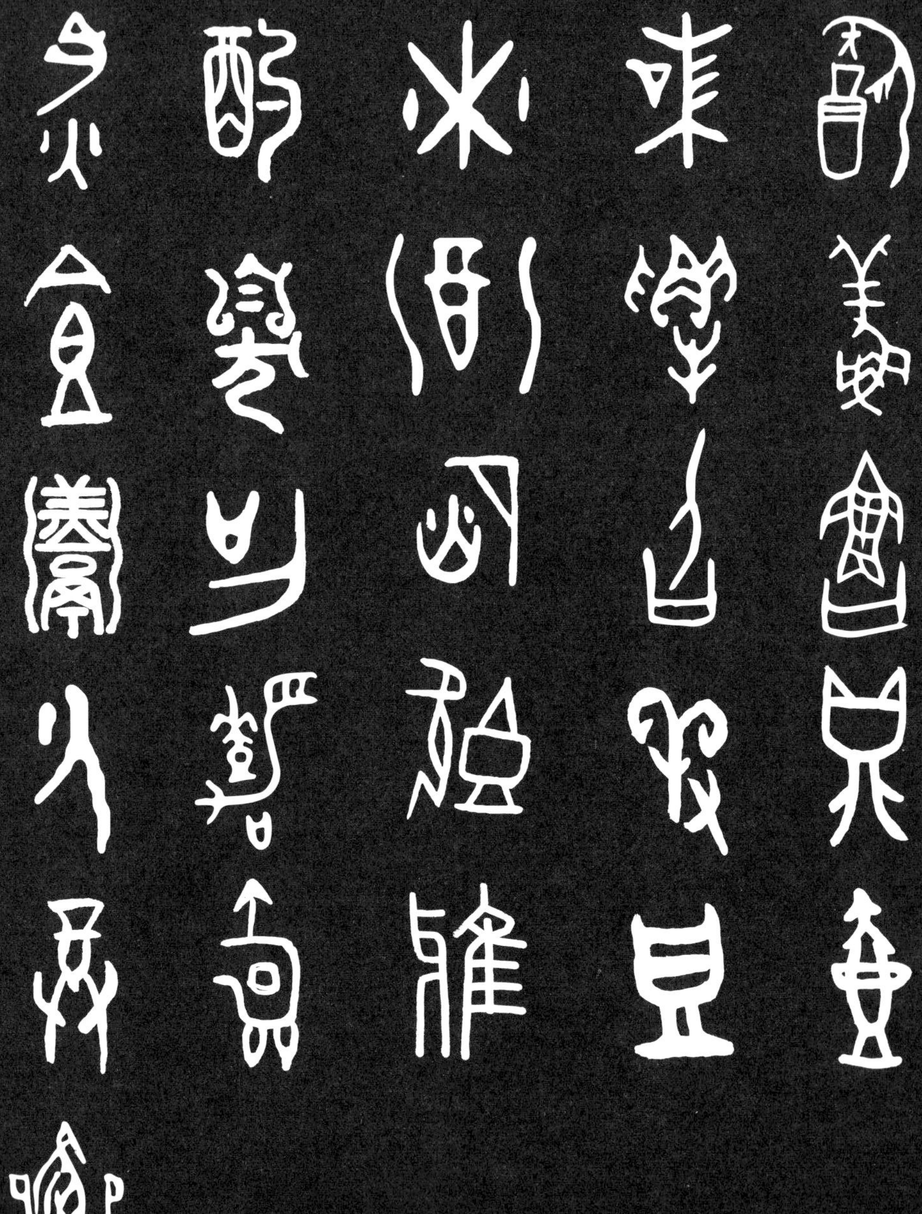

飲食篇

❶

## 在火上烤一塊肉

膾炙所同也，羊棗所獨也——《孟子》

「炙」這個字牽涉中國古代各種燒烤肉食的方法。

炙，小篆字形❶，這是一個會意字，意思簡單明瞭，就是一塊肉放在火上烤。《說文解字》中收錄了一個古文字形❷，上面肉的形狀更加明顯。

《說文解字》：「炙，炮肉也，從肉在火上。」古時帶毛的肉在火上燒，或者用泥裹起來燒，稱為炮（ㄆㄠˊ）；將去毛的肉直接放在火上猛烤，稱為燔（ㄈㄢˊ）；將去毛的肉在火上熏烤，稱為炙（ㄓˋ）。《詩經·瓠葉》中的這段描述很傳神：「有兔斯首，炮之燔之。」「有兔斯首，燔之炙之。」對待兔子頭這道美味，先塗泥裹燒去毛，然後在火上猛烤，最後再在火上慢慢熏烤。由此，「炙」也可以引申為名詞，意思是烤熟的肉食。比如李白有詩曰：「將炙啖朱亥，持觴勸侯嬴。」將烤熟的肉給朱亥吃，舉起酒杯向侯嬴勸酒。

孟子說過一段話：「奮乎百世之上，百世之下聞者莫不興起也。非聖人而能若是乎？而況於親炙之者乎？」意思是：百代之前奮發有為，百代之後聽說的人沒有不振作奮發的。不是聖人，能像這樣嗎？更何況親身受到他們薰陶的人呢？南宋學者朱熹解釋了「親炙」一詞：「親近而熏炙之也。」我直接在您面前被您燒烤，比喻直接接受別人或老師的教誨或傳授。

「炙」的這個意思還體現在成語「炙手可熱」中，

唐代杜甫有詩曰：「炙手可熱勢絕倫，慎莫近前丞相嗔。」剛剛接近就感覺燙手，比喻權勢者氣焰之盛。剛剛烤熟的肉很熱，因此「炙」又引申出在太陽底下曝曬的意思。三國時代嵇康所作的〈與山巨源絕交書〉中有一句話：「野人有快炙背而美芹子者，欲獻之至尊，雖有區區之意，亦已疏矣。」意思是鄉野之人曬太陽取暖，以陽光曝曬背部為快事，又以隨處可見的水芹為美味，於是想將這兩樣東西獻給皇帝，表示對皇帝的效忠。如此微薄又毫不稀罕的兩樣東西，野人卻認為是世間至樂，真是可笑之極！因此嵇康感嘆說：「雖有區區之意，亦已疏矣。」

最有趣的是「膾炙人口」這個成語。膾讀作ㄎㄨㄞˋ，指切細的肉或魚。《孟子・盡心下》中講了一個故事。曾子（即曾參）的父親曾晳（即孔子的學生曾點）喜歡吃羊棗。羊棗是一種黑棗，因為顏色和形狀都像羊屎，所以俗稱「羊矢棗」。曾子的父親死後，曾子從此不再吃羊棗。孟子的學生公孫丑對曾子的這種做法很不理解，於是向老師請教說：「膾炙與羊棗孰美？」切細的肉、烤肉和羊棗相比，哪個味道更好？

孟子回答道：「這還用問嗎？當然是膾炙的味道更好了。」

公孫丑又問：「曾子的父親生前同樣也喜歡吃膾炙，如果是為了紀念父親，他乾脆連膾炙也不要吃了，為什麼偏偏不吃羊棗？」

孟子回答道：「膾炙是人人都喜歡的，羊棗卻只有曾晳一個人喜歡吃。就像避諱是避諱名而不避諱姓，姓是人人都有的，而名是一個人獨有的。」古時候，遇到和父親的「名」相同的字時，就要避諱這個字，或者刻意缺筆，或者用同音字替代，但是卻不用避諱姓，這是

因為「姓」是人人都有的，而「名」則是一個人獨有的。「膾炙所同也」，膾炙就像「姓」，是人人都喜歡的；「羊棗所獨也」，羊棗就像「名」，只有曾皙一個人喜歡吃。因此，曾參就像避諱獨有的「名」一樣，避諱父親愛吃的羊棗。

聽了老師這番深入淺出的解釋，公孫丑恍然大悟，我們也恍然大悟。

孟子的原話是「膾炙所同也，羊棗所獨也」，後來人們從這句話裡引申出「膾炙人口」這個成語，用來形容人人都讚美的事情或者詩文。

❶

（酌）

用勺子從酒器裡舀酒

且喜得斟酌，安問升與斗──王維

斟酌連用，是反覆考慮，然後再決定取捨的意思。

先說酌，金文字形❶，這是一個會意兼形聲字，左邊是一尊酒器，右邊是一個長柄的勺子，會意為從酒器中舀酒。小篆字形❷，接近金文，不過勺子的形狀有所變化。

《說文解字》：「酌，盛酒行觴也，從酉勺聲。」清代段玉裁解釋道：「盛酒於觶中以飲人曰行觴。」觶（ㄓˋ）是一種酒器。《詩經‧卷耳》中有詩曰：「我姑酌彼金罍。」罍（ㄌㄟˊ）也是一種盛酒器，意思是我姑且把金罍裡斟滿美酒。李白有「花間一壺酒，獨酌無相親」的名句，「獨酌」就是自個兒給自個兒「盛酒行觴」。「酌」還用作酒的名字，祭祀時所用的清酒叫「清酌」。

再說斟，小篆字形❸，這是一個形聲字，從斗甚聲。《說文解字》：「斟，勺也。」就是說用勺子舀酒。「斟」和「酌」都是倒酒的意思，那麼二者有什麼區別呢？二者的區別非常細微：酒倒得不滿叫「斟」，倒得溢了出來叫「酌」，所謂「斟酌損益」是也。因此，倒酒的時候，「斟」得不滿了要再加一點，「酌」得過多了要再減一點，貴在適中，所以需要反覆掂量，把酒倒得恰到好處，故稱「斟酌」，這就是「斟酌」一詞的本源。唐代王維有詩曰：「且喜得斟酌，安問升與斗。」這個「斗」的量詞就是「斟」的形旁。

❷　　　　　　　❸

「斟酌」一詞出自《國語・周語》。跟「斟酌」有關的這段話非常有名，因為從這段話裡還誕生了兩個成語。周厲王暴虐無道，國人編了很多民謠罵他，邵公告知厲王這種民怨沸騰的情況，說：「民不堪命矣！」老百姓無法再活下去了！可是厲王非但不改過，反而雇用了一批特務對國人進行監視，結果誰都不敢發牢騷了，連在路上碰到也不敢說話，只能「道路以目」，這是誕生的第一個成語。

厲王一看大見成效，便喜滋滋地對邵公說：「你看，再也沒有人說我的壞話了！」邵公回答說：「防民之口，甚於防川。」這是誕生的第二個成語。接著，邵公又勸說厲王不能採取堵百姓之口的辦法，而應該去疏導，文武百官都有各自的職責，應該盡其所用，只有這樣百姓才會安定下來。其中有一句話：「耆艾修之，而後王斟酌焉，是以事行而不悖。」此處，「耆（ㄑㄧˊ）艾」乃尊長、師長、長老，是對老年人的尊稱，「耆艾」的職責是修正百官的作為，提建議給國君，國君再加以「斟酌」，這樣才不會做出悖謬的舉動。

對於邵公的這番忠告，厲王根本就沒有聽進去，也不願加以「斟酌」，照樣施行暴政，人們都不敢發言，但是三年之後，國人暴動，厲王遭到了流放的命運。

《荀子》的〈富國〉篇中也是這個意思：「故明主必謹養其和，節其流，開其源，而時斟酌焉。」順便說一下，「開源節流」的成語就出自《荀子》。古人真是太了不起了，隨口說一句話，就變成了風行兩千多年的成語！

〈唐人宮樂圖〉
唐代佚名繪，絹本設色，臺北故宮博物院藏

　　這幅畫描繪了十幾名後宮嬪妃，圍坐於一張方形大案四周，宴飲作樂。
有的品茗，有的行令，有的奏樂。旁邊站立的兩名侍女中，有一人輕敲牙板，
為她們打著節拍。有研究者認為這些女子的身分是宮廷樂師，她們化著「桃
花妝」，衣著華美豔麗，打扮入時，自得其樂，個個氣度雍容。

　　方桌的正中央，是一個大茶釜，裡面是煎好的茶湯。一名女子正專注地
用茶勺從茶釜中盛茶湯，分入茶盞以備飲用。茶勺柄杆有一臂之長，茶盞為
大碗狀，有圈足（編註：底部的圓形圈），便於把持。有兩名女子正持盞而飲。
桌上另有飲酒用的羽觴，與茶盞相比小巧多了。

　　這幅畫被斷代為晚唐，圖中所繪的繃竹席的長方案、腰子狀月牙几子等
器物，均與晚唐的時尚極為相合。彼時陸羽的《茶經》已寫成，「煎茶法」正
在風行。畫中女子「斟酌」的雖非美酒，但其大碗暢飲之態卻豪邁灑脫，勝似
飲酒。

❶

## 點燃木柴來照明

雷電尞，獲白麟——《漢書》

「尞」是一切帶有這個組件的其他漢字的源頭，雖然稍顯生僻，但是這個漢字中包含了古人用火照明制度的原始資訊，因此值得探究和講解。

尞，甲骨文字形❶，可以看得很清楚，中間是交叉在一起，便於堆積起來的木柴，兩旁的小點代表火星。近代學者羅振玉先生在《殷虛書契考釋》中指出：「今此字實從木在火上，木旁諸點，像火焰上騰之狀。」甲骨文字形❷，下面又添加了一個「火」字。需要說明的是，甲骨文的「火」和「山」這兩個字每每相近，必須就具體的卜辭辭例來加以辨別。金文字形❸，與甲骨文字形❷大同小異。小篆字形❹，規整化之後，就跟我們今天使用的「尞」字一模一樣了。

現代學者徐中舒先生在《甲骨文字典》中總結說：「像木柴交積之形，旁加小點像火焰上騰之狀，下或從火，會燔祭而祭之意。」所謂「燔（ㄈㄢˊ）祭」，是指將整隻祭牲用火燒熟從而祭祀的方式。許慎在《說文解字》中也是這樣釋義的：「尞，柴祭天也。」即堆柴祭天之意。

不過，現代學者張舜徽先生在《說文解字約注》一書中就此質疑道：「燔柴祭天，乃禮文大備以後之事，遠古固無有也。」因此，「尞」的本義是：「蓋上世未有宮室，野居穴處，夜惟焚柴於地以取明。」

這一質疑很有道理。古人在「尞」的上面加了一個

②　③　④

屋頂「宀」，又造出「寮」這個字，燔柴祭天不可能在屋內進行，因此「尞」的本義一定是使用火來照明。古代文獻中有非常詳盡的記載，比如《詩經‧小雅‧庭燎》一詩曰：「夜如何其？夜未央。庭燎之光，君子至止，鸞聲將將。夜如何其？夜未艾。庭燎晣晣，君子至止，鸞聲噦噦。夜如何其？夜鄉晨。庭燎有輝，君子至止，言觀其旂。」

「晣（ㄓㄜˋ）」，明亮之意；「噦噦（ㄏㄨㄟˋ）」，指有節奏的車鈴聲；「旂（ㄑㄧˊ）」，上繪交龍、竿頭繫鈴的旗。這是一首讚美國君早朝勤政的詩篇，現代學者馬持盈先生的白話譯文為：「『夜間什麼時候了？』『夜尚未盡。』天子便起床，燃大燭以視朝。諸侯們也來朝見了，車馬的鈴聲，將將地響著。『夜間什麼時候了？』『夜尚未盡。』天子便起床視朝，庭燎亮起來了，諸侯們也來朝見了，車馬的鈴聲，噦噦地響著。『夜間什麼時候了？』『天快亮了。』天子便起床視朝，庭燎光亮起來了，諸侯們也來朝見了，可以看見他們的旗幟了。」

遠古時期，正如徐中舒先生所說，野居穴處的時候，只能焚柴於地，點起篝火來照明；發展到《詩經》時代，已經有條件製作「庭燎」了。「庭燎」以蘆葦為幹，用布纏裹，再用油脂澆灌；將「庭燎」舉起來就叫「燭」，因此，古時的「燭」其實就是火炬，到晉代才發明了蠟燭。

以上即為「尞」的本義，燔柴祭天不過是其引申義而已。《漢書‧禮樂志》記載有「雷電尞，獲白麟」的郊祀歌，就是指引申而來的「尞祭」。尞祭之時，神靈回應，聲若雷，光若電，然後獲「一角而五趾」的白麟，是為祥瑞之兆。

「尞」字後來加以分化：本義寫作「燎」；為「尞」加上表示屋頂的

「宀」字頭，造出「寮」字，表示多人飲食起居同於一室，引申為官府的稱謂；為「寮」加上表示奔走、疾走的「辶（ㄔㄨㄛˋ，俗稱走之旁）」造出「遼」字，表示遠離、遙遠；為「寮」加上「人」字旁，造出「僚」字，表示一起在官府做官的人，也就是今天還在使用的「同僚」的稱謂；焚柴照明時，必定有窗以散煙氣，於是又為「寮」加上表示孔洞的「穴」字頭，造出「窶」字，表示小窗，因此同窗的同學亦可稱「同僚」（亦作「同窶」）。

《詩經・小雅・南有嘉魚之什圖卷・湛露》
（傳）南宋馬和之繪，趙構書，絹本設色，美國波士頓藝術博物館藏

馬和之，生卒年不詳，錢塘人，南宋畫家，官至工部侍郎。擅畫人物、佛像、山水，被譽為御前畫院十人之首。他自創柳葉描，行筆飄逸，著色輕淡，人稱「小吳生」。宋高宗和宋孝宗曾書《毛詩》三百篇，命馬和之每篇畫一圖，匯成巨帙。其作筆墨沉穩，結構嚴謹，筆法清潤，景致幽深，較之平時畫卷，更出一頭地。該系列摹本眾多，存世至今約十六卷，風格、水準不一，散藏於幾大博物館。

〈湛露〉是一首天子宴饗諸侯的樂歌。宴飲是在夜間進行的，時值清秋，夜深露濃。遠處豐草萋萋，宗廟四圍遍植杞、棘等灌木，近戶是扶疏的桐、梓一類喬木，樹上掛滿果實。廳內燈火通明，杯觥交錯，顯然是賓主盡歡，不醉不歸。庭中，大約是諸侯的侍從們，皆舉著「庭燎」等候多時了。這些「大燭」火焰熊熊，與廳內燈盞交相輝映，烘托出明快歡樂的氣氛。

# 味

❶　　　　　❷

❸

口中嚐到了禾穗的滋味

鼎前勺藥調五味，膳夫攘腕左右視──柳宗元

《說文解字》說：「味，滋味也。」但是，「味」字為什麼會當作滋味講，許慎卻言之不詳。

要解釋「味」這個字，必須先從「未」講起。

未，甲骨文字形❶，《說文解字》：「未，味也。六月，滋味也。五行，木老於未，象木重枝葉也。」許慎把「未」的這個字形，看成樹木重重的枝葉的形狀。但是，這個字形又怎麼表示滋味呢？段玉裁注：「未者，言萬物皆成，有滋味也。」但近代學者郭沫若先生有不同的看法，他認為「未」就是「穗」的本字，甲骨文的字形就是一株穗的形狀，是個象形字，後來「未」字被假借為別的義項，於是人們又造了一個「穗」字來代替「未」字所表示的本義。未，金文字形❷，小篆字形❸，都與甲骨文的字形相差不大。

「未」的本義既然是穗，那麼「味」字的字形就看得很清楚了。

味，小篆字形❹，在「未」的左邊添加了一個「口」，是個會意兼形聲的字，會意為口吃作為農作物的穗，嚐到了滋味，「未」也兼表聲。清代字書《六書通》收錄了「味」字的另一個篆體字字形❺，右邊穗的形狀看得更加清楚。

唐代柳宗元有詩曰：「鼎前勺藥調五味，膳夫攘腕左右視。」古人認為「味不過五」，因此有「五味」之說。

五味即酸、甜、苦、辣、鹹五種味道，現在還有「五味俱全」的成語。《禮記‧禮運》：「五味、六和、十二食，還相為質也。」這裡出現了古人對食物的有趣見解。六和，東漢經學家鄭玄解釋道：「和之者，春多酸，夏多苦，秋多辛，冬多鹹，皆有滑、甘，是謂六和。」唐代經學家孔穎達則解釋道：「以四時有四味，皆有滑有甘，益之為六也，是為六和也。」此處的意思是，把五味之一的甜（甘）分離出來，四時有酸、苦、辣（辛）、鹹四種味道，用滑和甘來調製這四種味道，即《周禮》所說「調以滑甘」，稱之為六和。

甘就是甜，那麼什麼是「滑」呢？「滑」是使菜餚變得更加柔滑可口的佐料，其實就是米或某些穀物磨成的粉，米粉可使菜餚柔滑，因此古人還用米粉做為化妝品，塗到臉上可使臉部光潔柔滑。今天人們做菜時經常使用的芡粉，也就是「滑」的一種。十二食，指人在一年十二個月中所吃的不同食物。「五味、六和、十二食，還相為質也」，五味、六和、十二食，互相為本，只有這樣才能使飲食遵循四季的變化，才是健康的飲食習慣。

《黃帝內經》中早就指出：「味過於酸，肝氣以津，脾氣乃絕；味過於鹹，大骨氣勞，短肌，心氣抑；味過於甘，心氣喘滿，色黑，腎氣不衡；味過於苦，脾氣不濡，胃氣乃厚；味過於辛，筋脈沮弛，精神乃央。是故謹和五味，骨正筋柔，氣血以流，腠理以密，如是，則骨氣以精，謹道如法，長有天命。」因此調和五味乃是中國傳統飲食的精髓所在。

❶

❷

# 飲

## 一個人趴在酒罈上痛飲

飲之食之．教之誨之──《詩經》

　　「飲」這個漢字的演變過程極其複雜，最初寫作「歙」，但這個字過於複雜，在漫長的字形演變過程中，將左邊改成了「食」，「食」是帶蓋子的食器，裡面裝的並非飲品，但因書寫簡便，因此用來會意為飲用。

　　我們來看「飲」字的初文「歙」。甲骨文字形❶，這是一個會意字，而且會意的過程十分複雜，顯示出古人造字時的智慧。左下角是一個酒罈子，右邊是一個俯身的人，手掌還伸出去摟著酒罈子，酒罈上面是這個人伸出的長長的舌頭。整個字形會意為從壇中飲酒。甲骨文字形❷，在舌頭的上方，多了一個張大的嘴巴。金文字形❸，加以簡化，人俯在酒罈上飲酒，其餘部分都省略了。金文字形❹，左邊的酒罈上添加了一個蓋子，右邊是張大口的人，口中的一橫代表舌頭。金文字形❺，右邊的人形變得更加複雜，寫出這個字的古人，大概是想表達迫切想喝到酒的心情吧。小篆字形❻，左邊還是帶蓋子的酒罈，但是右邊的人形看得不太分明了。

　　《說文解字》：「歙，歠也。」其中，「歠（ㄔㄨㄛˋ）」和「歙」同義，都是喝的意思。從字形演變來看，「飲」的本義應該是飲酒，引申為只要可以喝的東西都叫「飲」。周代有漿人的官職，負責掌管天子的六種飲料，稱作「六飲」，分別是：水；漿，即酢（ㄘㄨˋ）漿，一種含有酸味的飲料；醴，甜酒；涼，薄酒；醫，即梅漿，

③　　　④　　　⑤　　　⑥

梅子的漿汁；酏（一ˊ），薄粥。這「六飲」是天子的日常飲料，並不都是酒類。

　　不管是飲水還是飲酒，都有一個把水或酒含在口中的過程，因此「飲」又可以引申為含、忍之意，比如南朝江淹〈恨賦〉中有「自古皆有死，莫不飲恨而吞聲」的名句，「飲恨」與「吞聲」並舉，「飲恨」即為含恨之意。「飲泣」是淚流滿面以致流進了口中，形容極度悲痛。「飲氣」則為忍氣之意。

　　「飲」還有一個比較有趣的義項，「飲」是喝進了肚子裡，因此可以引申為沒入，比如飲彈是中彈的意思，子彈射進並沒入了身體內部。春秋時期，神射手養由基一箭射向石頭，「矢乃飲羽」，東漢學者高誘解釋說：「飲羽，飲矢至羽。」此處的「羽」是箭尾上的羽毛，此箭沒入石頭直至箭尾上的羽毛，可見臂力之大。

　　「飲」還可以用作動詞，此時讀作「一ㄣˋ」，把水給人或牲畜喝，或者用酒食款待客人。《詩經·綿蠻》中有三句詩句：「飲之食之，教之誨之。」就是這樣的用法。古時候的羊販子有一種欺詐手段，叫作「飲羊」，一大早讓羊喝飽水，以便增加重量，後人就用「飲羊」來比喻以欺詐手段做生意牟利。古籍中常見「有飲馬長江之志」之說，在長江邊飲馬，即將渡江南下進行征伐。這些用法中，「飲」都必須讀作「一ㄣˋ」。

《教訓　親之目鑑・所謂放蕩女子》（教訓 親の目鑑 俗ニ雲ばくれん）
喜多川歌麿繪，約1802年

作為「大首繪」的創始人，喜多川歌麿（1753~1806）代表著美人畫的巔峰。他活躍於日本浮世繪黃金時期，以纖細高雅的筆觸繪製了許多以頭部為主的美人畫，竭力探究女性的喜怒哀樂與種種微妙情態之美。他筆下的美人形象不再是千篇一律，而是各具情感個性。

《教訓　親之目鑑》系列是歌麿晚期的傑作，以長輩口吻對年輕女子的種種行為提出忠告。這幅畫描繪了一個正在飲酒、食蟹的女子，可能是放任自己沉溺於飲食享樂，被長者認為行為不檢。有趣的是，畫面右上方的眼鏡與女子手中的高腳玻璃杯，都是當時透過荷蘭貿易代表團帶到日本的舶來品，讓畫面呈現一種摩登感。女子衣衫鬆散，意態慵懶，帶著一種滿不在乎的風情。雖然是描繪作者看來不值得提倡的行為，筆觸卻細膩雅致，色調柔和，顯得她肌膚溫潤，神態天真。

❶　　　　　❷

# 帶蓋子的食器裡滿溢的食物

君子謀道不謀食──《論語》

　　子曰：「君子謀道不謀食。」君子謀慮的是道而不是飯食。食，甲骨文字形❶，這是一個象形字，下面是一個食器，食器中的一點代表裡面裝的食物，上面是一個三角形的蓋子。甲骨文字形❷，食器腹部兩側的兩點代表食物多得溢出來了。金文字形❸，食器下面的底座加以簡化。金文字形❹，食器下面的底座變得美觀了。小篆字形❺，失去了食器的樣子，不過底座變得更加美觀。

　　六穀之飯曰食，「六穀」指稌（ㄊㄨˊ，稻子）、黍、稷、粱、麥、苽（ㄍㄨ，菰米），因此「食」的本義為飯食，名詞，後來引申為動詞，可以當作「吃」解。古人說：「王者以民人為天，而民人以食為天。」不管古今中外，「食」都是人類最重要的保障，因此在造這個字的時候，我們的先民經常會像甲骨文字形❷一樣，讓食器中的食物滿溢，以至於溢出了食器之外。這是古人樸實的願望。

　　古人對「食」有非常嚴格的規定，根據《論語・鄉黨》的記載，其中有一條是：「不時，不食。」意思是不到吃飯時間不能「食」。現在我們的生活習慣是一日三餐，但是在先秦時期，則是一日二餐。《孟子》中說：「賢者與民並耕而食，饔飧而治。」饔（ㄩㄥ）和飧（ㄙㄨㄣ）都是熟食，區別是早餐稱「饔」，晚餐稱「飧」。有個成語叫「饔飧不繼」，意思是吃了早飯沒有晚飯，形容窮困。早餐在近午時分（上午十一點至下午一點）才吃，

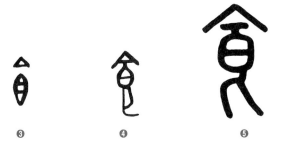

③       ④       ⑤

晚餐則申時（下午四點）乃食。殷代甲骨文中有「大食」、「小食」之別，即早餐、晚餐，這和古人「日出而作，日入而息」的生活習慣是相符的。

秦漢之後，一日二餐制開始逐漸改為一日三餐制。鄭玄說：「一日之中三時食，朝、夕、日中時。」早餐叫「朝食」，有個成語叫「滅此朝食」，意思是殲滅了敵人後再吃早飯，以展示英雄氣概；午飯叫「晝食」；晚飯叫「哺（ㄅㄨ）食」，也就是申時吃飯。

「食」還有背棄的意思，如「食言」一詞。《康熙字典》：「吐而復吞曰食。」吃下去的食物，吐出來再嚥下去叫「食」。在這個字義的基礎上，《爾雅》進一步解釋道：「言而不行，如食之消盡，後終不行，前言為偽，故通謂偽言為食言。」言而不行，說過的話、做過的承諾卻不去實行，就像吃下去的食物消化完了什麼都沒有了一樣。說出口的話是從無到有，消化完了的食物是從有到無；話既出口，本來已經存在了，卻又把它吞了下去，最終變得什麼都沒有了，不就像消化完了的食物一樣嗎？因此，這說出口的話就是偽言，就是食言。

鮮為人知的是，「三食」不僅指一日三餐，還有一個有趣的用法，指不肖子弟變賣祖傳的莊園、書籍和奴婢度日。宋人孫光憲在《北夢瑣言》中解釋了這個有趣的典故：「不肖子弟有三變：第一變為蝗蟲，謂鬻莊而食也；第二變為蠹魚，謂鬻書而食也；第三變為大蟲，謂賣奴婢而食也。三食之輩，何代無有。」

# 臭

## 狗聞著氣味尋蹤追跡

❶

❷

朱門酒肉臭，路有凍死骨──杜甫

「朱門酒肉臭，路有凍死骨。」杜甫的這句詩是封建統治階級奴役勞動人民的典型寫照。其中最顯眼的當然是「臭」字，但是如果把「臭」理解成發臭的「臭」，這句詩就變得不符合邏輯了。

朱門是指有權有錢人家的大門，只有他們才有資格把門漆成大紅色。朱門裡面大吃大喝，吃不完的就倒在外面（不管是大街上還是下水道），結果時間長了就變臭了。作為對比，朱門的酒肉變臭了，但路邊卻赫然羅列著貧民、流民的白骨，這是多麼鮮明的對比啊！貧富分化，杜甫的詩於是成了典型的教科書式的榜樣。

但這樣的理解是階級分析法的一廂情願。因為就像窮人在深冬的寒夜被凍死了一樣，朱門裡面吃剩的酒肉倒了出來，難道就不會凍得一點氣味都沒有了嗎？死屍沒有臭氣，酒肉當然也就沒有臭氣。大自然的冰箱不管對「凍死骨」和「酒肉」都是一視同仁的。

這樣錯誤的理解，是由於不懂得「臭」這個字所導致的。臭，甲骨文字形❶，這是一個會意字，上部為「自」，是鼻子的形狀。最初沒有「鼻」這個字，古人就用「自」來指稱鼻子。直到今天，人們說到自己的時候，還總是指著自己的鼻子。「臭」的下部是一隻犬，頭朝上，腿朝左，尾巴朝下。甲骨文字形❷，這隻狗面朝右。明清之際的《六書通》還收錄了一個篆體字形❸，字形

❸

❹

更加美麗。小篆字形❹，變化不大。

狗是中國古人最早馴化的動物之一，古人深深懂得狗的嗅覺特別靈敏，因此用鼻子和犬會意為「臭」字。《說文解字》：「臭，禽走臭而知其跡者，犬也。」段玉裁注：「走臭猶言逐氣。犬能行路蹤跡前犬之所至，於其氣知之也，故其字從犬自。自者，鼻也。引申假借為凡氣息芳臭之稱。」

古人云：「古者香氣穢氣皆名之臭。」《廣韻》：「凡氣之總名。」清代文字學家朱駿聲解釋道：「人通於鼻者謂之臭。臭者，氣也。」孟子曰：「口之於味也，目之於色也，耳之於聲也，鼻之於臭也，四肢之於安佚也，性也。」《詩經·文王》：「上天之載，無聲無臭。」這幾處的「臭」都作為氣味之總名解。

「臭」這個字最早應該讀作ㄒㄧㄡˋ，是動詞，意思是聞氣味，不管什麼氣味，包括香的、臭的都聞。如果作為名詞，「臭」是氣味的總名，所有的氣味——香、臭、腥、臊——全都可以叫「臭」。此之謂「凡氣之總名」。

作為佐證，《易經》中說：「同心之言，其臭如蘭。」意思是說：如果我們同心同德，那麼我們說出來的話，其氣味就像蘭花那樣馥郁芳香。這個「臭」哪裡還有我們今天以為的發臭的意思？簡直就是知己和戀愛男女之間的吐氣如蘭啊！因此，「朱門酒肉臭，路有凍死骨」，跟普通的理解大相徑庭——朱門裡的酒肉散發出綿綿不絕的香氣，朱門外的路上卻因為天寒地凍，凍死了無數的窮人，有些窮人死亡時間長了，白骨都露出來了。

# 酒

## 把水釀的酒存進酒罈

❶　　　　　　❷

　　「酒」這個字的起源很早，所以甲骨文中出現了大量的「酒」字，造型不一，但大同小異。酒，甲骨文字形❶，這是一個會意字，中間是一個酒罈，左右兩邊是水形，表示用水釀酒。甲骨文字形❷，右邊是酒罈，左邊是點點灑出的酒滴或者釀酒所用的水。金文字形❸，水移到了酒罈的下部。金文字形❹，酒罈子面的水形更具象。小篆字形❺，結構又回復到甲骨文的字形。

　　《說文解字》：「酒，就也，所以就人性之善惡。從水從酉，酉亦聲。一曰造也，吉凶所造也。古者儀狄作酒醪，禹嘗之而美，遂疏儀狄。杜康作秫酒。」許慎所說，乃是因為酒的危害所生發出來的勸誡含義，並非「酒」的本義。

　　中國古代關於酒的制度早在周代時就已經完備，周代專門設有酒正和酒人的官職，酒正是酒官之長，酒人的職責是：「酒人掌為五齊三酒。」舉行祭祀等事務時，負責給賓客供酒等相關事宜。

　　此處提到的「五齊三酒」是關於酒的詳細分類，「五齊」分別是：「泛齊」，酒色最濁，上面有浮沫，故稱「泛齊」；「醴齊」，甜酒；「盎齊」，白色的酒；「緹齊」，丹黃色的酒；「沈齊」，酒糟和渣滓下沉的酒。「三酒」分別是：「事酒」，有事時才釀製的，時間較短；「昔酒」，久釀的酒，冬釀春熟；「清酒」，釀製時間最長的酒，冬

❸　　　　　❹　　　　　❺

釀夏熟。

「五齊」就是所謂的「濁酒」，是相對「清酒」而言的。「清酒」是品質最好的酒，專用於祭祀的場合，「濁酒」雖然比不上「清酒」，但也不能說就是劣質酒，只不過相對「清酒」而言色澤稍微混濁而已。

與今天的蒸餾酒不同，三酒五齊都是發酵後直接飲用的酒，度數都沒有蒸餾酒高。蒸餾酒的技法是從元朝才開始出現的。「濁酒」因為是現釀，不易保存，必須釀好就喝，所以李白的詩中說「風吹柳花滿店香，吳姬壓酒勸客嘗」，壓酒即把剛釀好的酒的酒液和酒糟分開。

釀酒需要耗費大量糧食，因此歷代都有為時或長或短的禁酒令，人們也忌諱說「酒」這個字，便出現許多有趣的稱呼：稱清酒為聖人，濁酒為賢人。還稱清酒為「青州從事」，因青州有齊郡，「齊」和「臍」同音，指清酒的酒氣可以到達肚臍；稱濁酒為「平原督郵」，因平原有鬲縣，「鬲」和「膈」同音，指濁酒的酒氣只能到達膈膜以上。

三國時，有一年蜀國大旱，糧食不敷應用，於是劉備頒布了禁酒令，不准把寶貴的糧食拿來釀酒，派官吏深入家家戶戶搜查，只要發現釀酒的器具就統統予以沒收，並施以重刑，弄得怨聲載道。

有一天，簡雍陪同劉備出門，路上看到一對青年男女並行，簡雍目不轉睛地盯著他們，故作緊張地拉著劉備的袖子說：「快！快！快！快派人把這個男的抓起來！他想要去行淫穢之事！」劉備一聽大為驚訝，問道：「你怎麼知道他要去行淫？」簡雍回答道：「他明明長著男性生殖器，就跟那些私藏釀酒器具的人一樣啊！」劉備聽了哈哈大笑，回去後就讓人赦免了那些私藏釀酒器具但沒有釀酒的人。

《彩繪帝鑑圖說》(*Recueil Historique des Principaux Traits de la Vie
des Empereurs Chinois*) 之〈戒酒防微〉
約十八世紀，法國國家圖書館藏

《帝鑑圖說》由明代內閣首輔、大學士張居正親自編撰，是供當時年僅十歲的小皇帝──明神宗（萬曆皇帝）閱讀的教科書，由一個個小故事構成，分兩編，〈聖哲芳規〉編講述歷代帝王勵精圖治之舉，〈狂愚覆轍〉編剖析歷代帝王倒行逆施之禍，每個故事均配以具象的插圖。此彩繪版《帝鑑圖說》大致繪製於清代早期，可能是當時的外銷畫，傳入歐洲後添加了法文注釋，並按照西方圖書裝訂方法黏合成冊。畫面嚴謹工麗，略具西洋透視技法。

　　〈戒酒防微〉的典故出自〈夏史紀〉：禹時儀狄作酒，禹飲而甘之，遂疏儀狄，絕旨酒，曰：「後世必有以酒亡國者。」相傳儀狄是夏禹時代一位擅長釀酒的人。大禹為了防止自己經不住美酒的誘惑而亂政誤國，便預先疏遠其人其酒，自律之嚴令人欽佩。畫面上捧著酒罈邊回頭邊要向外退出的就是儀狄了。大禹之言倒像是為他做了最佳的美酒廣告呢。

# 解

## 用手或刀把牛頭剖開

不堪春解手，更為晚停舟——秦觀

**❶**

**❷**

「解」是一個義項繁多、讀音繁多的字，但所有義項都是從最原始的義項引申出來的。

解，甲骨文字形❶，這是一個會意字，最下面是一個牛頭，牛頭上面是一隻大牛角，大牛角旁邊是兩隻手，即兩隻手用力，將牛角從牛頭上掰下來。甲骨文字形❷，牛角左右還濺出了兩點血滴。金文字形❸，同於甲骨文。金文字形❹，最上面的那隻手變成了「刀」。小篆字形❺，直接從金文演變而來，規範化了。

《說文解字》：「解，判也，從刀判牛角。」因此，「解」的本義就是用刀把牛角剖開，後來把解剖任何東西都稱作「解」。從它的本義來理解，最著名的就是「庖丁解牛」的典故了：「庖丁為文惠君解牛，手之所觸，肩之所倚，足之所履，膝之所踦，砉然響然，奏刀騞然，莫不中音，合於桑林之舞，乃中經首之會。」庖丁可不僅僅是「解」牛角，而是技藝嫻熟地將一頭整牛都給「解」開了，真乃神乎其技！「解」的其他一切義項，如離散、脫去、解釋、排解等等，都是從這個本義而引申出來的。

「解」字最奇特的用法是「解手」一詞。這個詞最初的意思是指分手，比如唐代韓愈的〈祭河南張員外文〉：「兩都相望，於別何有。解手背面，遂十一年。君出我入，如相避然。」還有北宋秦觀的名句：「不堪春解手，更為晚停舟。」都是分手、離別的意思。

❸

❹

❺

　　《水滸傳》中還出現了一種隨身攜帶的小佩刀，叫作「解手刀」，又稱「解手尖刀」、「解腕尖刀」，應當是取壯士斷腕的意思，指危難之際，壯士以此斷腕，後來就取了這個意思，將隨身攜帶、便於立刻出手的小佩刀稱作「解手刀」。

　　至於當作上廁所的意思使用，一般的說法是明初北方大移民，官吏將移民的手綁在一起，串成一串，押解上路，防備他們逃跑，因而上廁所時需要將捆綁的繩子解開，故稱「解手」，一直沿用到今天。

　　「解」的本義是解剖，剖開牛角是為了送人或者烹煮，因此引申出送、押送等義項。當作這個義項的時候，應該讀作四聲ㄐㄧㄝˋ，比如押解、解差（押解犯人的差役）。唐宋時舉進士，由地方推薦發送入京也稱「解」，取其「送」的意思。比如各州的考試稱作「解試」，就是從「送」入京城而來。從明代開始，鄉試的第一名稱為「解元」，也是因為中試的舉子們還要送入京城參加更高級的考試。

　　「解」字還有一個讀音，讀作ㄒㄧㄝˋ，當作姓氏時必須讀這個音，比如明代著名學者解縉。另外，有一種能辨別曲直的神獸叫解廌，看到有人爭鬥就會用角去頂壞人，這裡的「解」和「獬」是通假字。《詩經・烝民》中的名句：「夙夜匪解，以事一人。」這裡的「解」跟「懈」也是通假字，全句意思是：早晚都不鬆懈，服侍周王一人。

# 鮮

❶ ❷

生魚就像羊一樣鮮美

治大國若烹小鮮——《老子》

「鮮」是一個非常有趣的字，唯漢語才有，拼音文字中沒有相對應的字眼，因此可稱地地道道「最中國」的漢字之一。

不過在漢代以前，當作新鮮的義項使用的是「鱻」這個字。鱻，金文字形❶，這是一個會意字，上面總共有三條魚。小篆字形❷，同於金文。《說文解字》：「鱻，新魚精也。從三魚，不變魚。」段玉裁注：「謂不變其生新也。」意思是指用新鮮的沒有變質的魚作菜餚。漢代以後，「鮮」字取代了煩瑣的「鱻」字，「鱻」從此廢棄不用。

鮮，金文字形❸，這也是一個會意字，上面是一隻羊，下面是一條魚，這並非是說羊和魚燴成一鍋即為「鮮」，而是用羊表示味美，下面的魚則表示類屬，意思是「鮮」屬於魚類。金文字形❹，更加美觀。至於小篆字形❺，將上下結構變成了左右結構，左魚右羊。

《說文解字》：「鮮，魚名，出貉國。」現在明白為什麼用「魚」表示類屬了吧。原來「鮮」本來是一種魚的名字，這種魚產於貉國。貉讀作ㄇㄛˋ，跟「貊」是一個字，是對古代東北方少數民族的一種稱呼。貉國的人喜歡吃生魚，因此鄭玄就直接把「鮮」解釋為「生魚也」。

東北的貉系部落後來逐漸向東及向南遷移，其中一支進入朝鮮半島，開始與當地土著混血，因此有學者猜

❸　　　　　　❹　　　　　　❺

測朝鮮國名中的「鮮」字就來源於貉國的這種魚類，今天的日本人和韓國人酷愛吃生魚片也是一個佐證。不過，十四世紀的李氏朝鮮自我解釋道：「國在東方，先受朝日之光鮮。」這當然是對國名之由來的一種美化。

　　老子的那句名言「治大國若烹小鮮」更是明證：小鮮就是小魚，治理大國就如同烹煎小魚一樣。「鮮」字由此引申出新鮮、明麗等一系列義項，可以用到一切美味、一切裝飾上面了。

　　「鮮」讀三聲（ㄒㄧㄢˇ）的時候，字義為「少」，這也是從「新鮮」的義項引申出來的，東西多了就不新鮮了，因此「鮮」當「少」講，正所謂屢見不鮮。《詩經·揚之水》：「終鮮兄弟，維予與女（汝）。」「終鮮兄弟，維予二人。」意思就是缺兄少弟，只有你我夫妻二人。「鮮」又由此引申出另一個非常罕見的義項：夭折，早死，比如《左傳·昭公五年》：「葬鮮者自西門。」其中的「鮮者」即指早死的人。

❶ ❷

用炊器煮的羔羊肉最美味

三日入廚下，洗手作羹湯──王建

今天的「羹」字非常簡單，只有一個意思，那就是用蒸、煮等方法做成的糊狀、凍狀食物，如雞蛋羹，沒有任何異議。可是在古代，「羹」的含義卻有所不同。

羹，小篆字形❶，這是一個會意字，上為羔，下為美，羊肉是古人的主要肉食，因此用羔羊肉和「美」會意為肉的味道鮮美。另外一種篆體字形❷，「羔」的下面添加了一個「鬲」字，鬲讀作ㄌㄧˋ，是一種炊器，用於燒煮或烹炒，特指類似於鼎狀的炊器。把羔羊肉架在「鬲」這種炊器上燒煮或烹炒，味道一定鮮美！所以兩邊還有升騰的熱氣。

《說文解字》：「羹，五味和羹也。」《詩經·烈祖》：「亦有和羹。」《尚書·說命》：「若作和羹，爾惟鹽梅。」鹽是鹹，梅是醋，此處的意思是指羹要用鹹味和酸味來調和。另外，鄭玄說：「凡羹齊宜五味之和，米屑之糝。」糝（ㄙㄢˇ）是用米粒來和羹的意思。這些關於「羹」的古代文獻裡，最重要的一個字是「和」。和，即調和，因此「羹」的意思就是用酸、甜、苦、辣、鹹這五味調和而成的肉汁，而不是今天所說的概念。不調和五味的肉汁稱作「大羹」；煮熟的帶汁的菜加上米屑稱作「菜羹」，是貧窮的人所食；煮熟的帶汁的野菜稱作「羹藜」，是非常粗劣的飲食，也稱作「藜藿之羹」，都是窮人吃的。

《左傳·隱西元年》中講了一個有趣的故事，準確

地體現了「羹」的本義。

鄭莊公出生的時候難產，驚嚇了母親武姜，因此武姜很不喜歡他，而喜歡莊公的弟弟共叔段。莊公即位後，武姜和共叔段密謀篡奪王位，被莊公擊破，趕走了弟弟，囚禁了母親，並發誓：「不及黃泉，無相見也！」

有個叫潁考叔的地方官，借著獻禮的名義朝見莊公，「公賜之食，食舍肉」。「食舍肉」的意思是：潁考叔吃飯的時候把肉放在一邊不吃。莊公覺得很奇怪，就問他為什麼這樣做，潁考叔回答道：「小人有母，皆嘗小人之食矣，未嘗君之羹，請以遺之。」意思是說，我現在吃的飯食，我母親都吃過了，唯獨沒有吃過您賜給我的「羹」，我要帶回去讓她嘗嘗。莊公賜的飯食中有「肉」，潁考叔稱之為「君之羹」，可見「羹」就是帶汁的肉，而不是肉湯。潁考叔這是在勸諫莊公呢！他給莊公出一個主意，挖了一條隧道與母親相見，沒有違背「不及黃泉，無相見也」的誓言。

至於「羹」當作肉湯講，則是魏晉以後的事情了。唐人王建有詩曰：「三日入廚下，洗手作羹湯。」這才是用肉菜等做成的湯。

有一個詞叫「閉門羹」，指拒絕客人上門，但在古代卻專指妓女拒絕接客。根據唐人馮贄《雲仙雜記》記載，宣城名妓史鳳是個勢利眼，接客的時候會根據客人的地位和財力將客人分為三六九等，接待的規格也不一樣，對最低等的客人則拒絕接待。

不過，史鳳很客氣，不是直接將其驅逐出去，而是派妓院的工作人員給他們端上一杯「閉門羹」，說：「請公夢中來。」給客人吃上一

杯「閉門羹」是撫慰，但是「請公夢中來」的囑咐就有些刻薄了，估計史鳳是想要耍小幽默。史鳳還把對待最低等客人的行徑寫成了一首詩，詩名就叫〈閉門羹〉：「一豆聊供遊冶郎，去時忙喚鎖倉琅。入門獨慕相如侶，欲撥瑤琴彈鳳凰。」意思是：我給您提供一碗羹，您喝了之後就離開吧，我會趕緊吩咐人鎖上大門，您就別回頭了，我喜歡的只是像司馬相如那樣的知音啊！

徐揚，生卒年不詳，江蘇蘇州人，清乾隆時畫家。擅長人物、界畫、花鳥草蟲，寫實功力深厚。

《端陽故事圖冊》共八幅，分別描繪了端午佳節各地民俗，包括射粉團、賜梟羹、采藥草、養鴝鵒（〈ㄩˊ ㄩˋ，俗稱八哥）、懸艾人、繫彩絲、裹角黍、觀競渡。此圖冊構圖嚴謹精妙，人物造型秀逸生動，線條遒勁流暢，色彩明麗典雅，體現了乾隆朝宮廷繪畫工整清麗的筆墨特點。〈賜梟羹〉一圖題曰：「漢令郡國貢梟為羹賜官。以惡鳥，故食之。」「梟」是一種貓頭鷹。張華的《禽經注》云：「梟在巢，母哺之。羽翼成，啄母目，翔去也。」在古人心目中，梟是食母的惡鳥，忤逆不孝的代表。梟羹從漢代中期開始成為皇帝端午節賜宴中的節令食物，目的是為了維護孝道，並驅逐朝廷中的惡人。畫面上，一名內侍捧著梟羹，正要遞給下面的官員。雙方行禮如儀，莊重得體。

賜梟羹
漢令郡國貢梟為羹賜
百官以應惡鳥故食之

❶　❷

## 口舌如刀的貪食惡獸

此處饕、餮並舉。

先說饕。「饕」讀作ㄊㄠ，金文字形❶，這是一個會意兼形聲的字，從口從刀，會意為口舌如刀，喋喋不休。「饕」和「叨」本為一字。《莊子・漁父》篇中說：「好經大事，變更易常，以挂功名，謂之叨。」意思是：喜歡管理大事，變更常規，以網取功名，這就叫「叨」，也就是貪婪之意。小篆字形❷，變成了上聲下形的形聲字。《說文解字》收錄的籀文字形❸，大同小異。籀文又稱大篆，春秋戰國時期通行於秦國，字體與秦篆相近，但字形的構形多重疊。

再說餮。「餮」讀作ㄊㄧㄝˋ，小篆字形❹，這是一個左形右聲的形聲字。楷體字形從左右結構變成了上下結構，上聲下形。

《說文解字》：「饕，貪也。」「餮，貪也。」兩個字都是貪婪之意，區別在於：貪財為饕，貪食為餮。後來人們把美食家稱作「老饕」。比如蘇東坡有一篇著名的〈老饕賦〉，其中寫道：「蓋聚物之夭美，以養吾之老饕。」嚴格地說，這應該是一種錯誤的稱呼，改稱貪食的「老餮」才符合本義，不過「老饕」的叫法早已經約定俗成，一直延續到今天，無法更改了。

俗話說「龍生九種，九種各別」，古人認為龍性最淫，生的種也就最多，一龍所生的九條小龍，往往形狀

**③**

**④**

性格各異，因此，「龍生九子」用來比喻同胞兄弟良莠不齊，愛好各不相同。雖然民間關於龍生九子的說法由來已久，但是一直沒有定論，到了明代，人們才開始彙集歷代文獻中記載的神異動物，將龍九子的稱謂和功能確定下來。

即使如此，每位學者所記載的也有差異，其中一種說法來自明朝學者楊慎所撰的《升庵外集》。龍的九個兒子分別為：一、贔屭（ㄅㄧˋㄒㄧˋ），形似龜，古碑下的馱龜就是它；二、螭（ㄔ）吻，形狀像四腳蛇剪去了尾巴，性好在險要處東張西望，也喜歡吞火，今日很多建築殿脊上的獸頭就是它；三、蒲牢，平生好鳴，今鐘上獸紐是其遺像；四、狴犴（ㄅㄧˋㄢˋ），平生好訟，今獄門上獅子頭是其遺像，也用作牢獄的代稱；五、饕餮，好食，鐘鼎彝器上多雕刻其頭部形狀做為裝飾；六、蚣蝮，性好水，所以立於橋柱；七、睚眥（ㄧㄚˊㄗˋ），平生好殺，有「睚眥必報」這個成語，今刀柄上龍吞口是其遺像；八、狻猊（ㄙㄨㄢㄋㄧˊ），平生好坐，今佛座獅子是其遺像；九、椒圖，性好閉，立於門首，鋪首銜環是其形象。

相傳堯當政的時期，國家有四凶：一個叫混沌，到處結交盜賊，行兇作惡，殺人如麻；一個叫窮奇，喜歡散布謠言，誣陷忠良；一個叫檮杌（ㄊㄠˊㄨ），獨斷專行，誰的話都不聽；最後一個就是饕餮，「貪於飲食，冒於貨賄」，入不敷出就去打家劫舍。後來，這四凶全都被繼位的舜給流放了。由此可見，饕餮自古以來就是貪財貪吃的惡獸，不討人喜愛，今天還把貪吃的人稱作「饕餮之徒」。

《神異經》對饕餮的長相有更詳細的描述：「西南方有人焉，身多

毛，頭上戴豕，貪如狼惡，好自積財，而不食人穀，
強者奪老弱者，畏群而擊單，名曰饕餮。」因此，古
人將饕餮的形象鑄在鐘鼎彝器之上，《呂氏春秋》解
釋說：「周鼎著饕餮，有首無身，食人未咽，害及其
身，以言報更也。」報更，即報應。這段話的意思是：
在鼎上鑄饕餮的形象，是為了警示吃飯的人不要貪得
無厭，以免最後撐死自己。

# 庶

## 用火烤熱石頭來煮食物

陰陽不和，寒暑不時，以傷庶物——《莊子》

❶　　　　❷

　　古代中國沒有現代意義上的「公民」概念，老百姓一律被稱作「庶民」。近代李大釗先生曾有一篇著名的演說，題為〈庶民的勝利〉：「這回戰勝的，不是聯合國的武力，是世界人類的新精神；不是哪一國的軍閥或資本家的政府，是全世界的庶民。」顯然，「庶民」即指平民，老百姓。

　　「庶」這個字的演變極有趣，甲骨文字形❶，這是一個會意字，右上部是石頭，左下部是一堆火，會意為用火烤石頭。金文字形❷，左上部還是石頭，下面的字形有所變化，火堆上面好像架了一口鍋。金文字形❸，鍋架在火堆上的形狀更明顯。小篆字形❹，上面訛變為「廣」，「廣」是房屋的形狀，變成了在房屋裡生火燒鍋的意思。楷體字形下面的「火」變成了四點。

　　《說文解字》：「庶，屋下眾也。」為什麼是「屋下眾也」呢？清代學者王筠解釋說，「庶」字的小篆字形中，「廣」的下面是古文的「光」字，「廣下之光，照徹四壁，有『眾』意焉」。這些解釋都是不對的，都不是「庶」的本義。

　　現代學者于省吾先生認為這是一個「從火從石，石亦聲」的會意兼形聲字。他根據甲骨文和金文的字形分析說：「用火燒熱石頭以烙烤食物，或以燒熱的石頭投於盛水之器而煮熟食物，則是原始人類普遍採用的一種

③　　　　④

熟食方法。」因此，他進一步認為「庶」字就是「煮」字的本字：「庶之本義乃以火燃石而煮，是根據古人實際生活而象意依聲以造字的。但因古籍中每借庶為眾庶之庶，又別制『煮』字以代庶，『庶』之本義遂湮沒無聞。」這是非常富有說服力的解釋。

　　根據《周禮》的記載，周代有「庶氏」的官職，職責是「掌除毒蠱，以攻說禬之，嘉草攻之」。「毒蠱」是害人的毒蟲。「禬（ㄍㄨㄟˋ）」，除災害之祭。「攻說」意為毒蠱也有神憑依，因此要鳴鼓而攻，再用言辭責備其神，祈求牠離去。「嘉草攻之」就跟「庶」有關係了。「嘉草」是一種藥物，「攻之」就是以火燃石，點著嘉草之後，用煙熏毒蠱。所以「庶氏」之「庶」，同於「煮」，這也是一個旁證。

　　至於「庶」為什麼會有「眾多」的意思，這是因為「庶」既然是「煮」的本字，則燉煮雜燴，鍋裡可以有各種各樣不同的食物，由此而引申出眾多、諸種的意思。比如「庶民」即指眾多的百姓，「庶務」即指眾多的事務，莊子說「陰陽不和，寒暑不時，以傷庶物」，「庶物」即指萬物。《詩經·卷阿》中的詩句「君子之車，既庶且多」，更是點明了「庶」和「多」是同義詞。

　　「庶」還有一個引申義：庶出。正妻所生的兒子稱「嫡子」，非正妻所生的兒子稱「庶子」。另外，宗族的旁支也叫「庶」。為什麼「庶」會具備這個引申義呢？說來非常有趣。

　　根據《儀禮·公食大夫禮》的記載，國君以禮食接待來聘問（訪問）的大夫時，在正饌之外，還設有各種美味的拼盤做為副菜，叫作「庶羞」：「餚美曰羞，品多曰庶。」由正饌之外的副菜引申出「庶出」的義

項。「上大夫庶羞二十」，上大夫的副菜竟然有二十種之多！那麼毫無疑問，一般情況下，庶出的兒子或者宗族旁支的數量，也遠遠多於嫡子或宗族嫡系的數量。

❶　❷　❸　❹

# 用湯匙從酒樽中取酒入口

今召客者，酒酣，歌、舞、鼓、瑟、吹竽——《呂氏春秋》

「召」這個字大概可以稱得上最有趣的漢字之一，而且造字過程極其煩瑣複雜，充分反映了先民們賓客酬酢的禮儀及宴飲的酒食等各種細節。這些細節都濃縮在一個字的字形裡，也充分體現了甲骨文的象形起源。

召，甲骨文字形❶，很明顯這是一個會意字，動用了多達八個象形字元來參與會意過程，共分為上中下三個部分。先看下部的「田」字形，這不是「田」，而是放置器物的支架，也有人認為是加熱的設備。這個支架上面放置的是什麼器物呢？再來看字形的中部，左右是兩隻手，中間是酒樽，原來，放置在支架上面的器物就是酒樽。最後看字形的上部，左右也是兩隻手，中間的上面是「匕」，即取食的湯匙，下面的口形表示飲酒入口。這八個字元會意為：以手持匕，從放置在「田」字形支架上的酒樽中舀取美酒，供賓客飲用。徐中舒先生說：「以手持匕挹取酒醴，表示主賓相見，相互紹介，侑於樽俎之間，當為紹介之紹初文。」他認為這個字形即是「紹」的本字。

召，甲骨文字形❷，省去了酒樽，下部更像支架，支架上還有兩個相背的柱狀物，用來更牢固穩妥地放置酒樽。甲骨文字形❸，大同小異，下部則更像承納酒樽的支架。甲骨文字形❹，對繁複的字形徹底進行簡化，僅用匕和口來會意挹取酒醴入口之意。不過，這個簡化

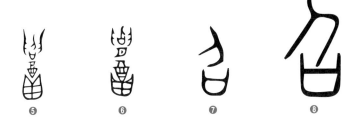

❺　　　❻　　　❼　　　❽

後的字形中的口形，從形狀上看更像盛酒的器具，用匕從酒樽中舀酒，舀酒當然是為了飲之入口。金文字形❺，與甲骨文字形❶一樣煩瑣複雜。金文字形❻，有趣的是，在酒樽上面又添加一個「月」形，表示這是一塊肉，邊飲酒邊吃肉。金文字形❼，緊承甲骨文字形❹。小篆字形❽，採用了簡化的匕、口組合。

　　《說文解字》：「召，呼也。從口刀聲。」許慎把「匕」誤為「刀」，因此誤認為這是一個形聲字。《呂氏春秋・分職》中的一段話最符合「召」的本義：「今召客者，酒酣，歌、舞、鼓、瑟、吹竽，明日不拜樂己者，而拜主人，主人使之也。」意思是請來的客人在飲酒及欣賞歌舞之後，不感謝讓自己快樂的歌者、舞者，而感謝主人，是因為這一切娛樂都出於主人的安排。「召客」之「召」，正是召請客人來飲酒吃肉，恰是「召」字字形的如實寫照。

　　周代初期，周公和召公是輔佐周王室的兩位名臣，日本漢文學者白川靜先生認為召公是一位祭祀神靈的聖職人員，金文的「召」字「義示供酒祈禱，迎接降臨之神」，因此「召公屬於招神的聖職者」，而「召」的本義即為招神，後來才用於一般人，引申為召見、召喚、召呼之義。不過，從宴飲賓客的日常生活角度來釋義更具有說服力，此即近代學者林義光所謂「酒食財物，皆所以招人也」。

〈劉晨阮肇入天台山圖〉取材於東漢時期劉晨、阮肇入天臺山採藥遇仙並與之結為夫婦的神話傳說，大致分為十一個場景，場景之間穿插故事文字。「劉阮遇仙」出自六朝志怪小說，流傳甚廣。相傳東漢永平年間，剡人劉晨、阮肇入天台山採藥，山深路迷，遇二女，容顏妙絕，呼晨、肇姓名，問郎來何晚也。二女相邀還家，殷勤款待，結為伉儷。半年後劉阮思家心切，別了二女回家，才知人間已隔了七世。

　　這一段畫面描繪的是二女「召」劉阮同歸其家，當庭設席，陳酒餚待慶賀的場景。有數仙客持三、五仙桃至女家，皆仙服，各出樂器奏之，肅雍和鳴。二女親自舉卮（ㄓ，酒器）勸二人酒。款曲之情，春氣可挹，二子恍然如在天上也。畫面上有美酒佳餚，有仙樂悠揚，麗人在側，侍女圍繞，桃花燦爛，難怪劉阮二人「恍然如在天上」。

〈劉晨阮肇入天台山圖〉（局部）
元代趙蒼雲繪，紙本墨筆長卷，美國大都會藝術博物館藏

**❶**

## 在鍋中烹煮鮮魚

周公受禾東土，魯天子之命——《史記》

「魯」這個字，今天除了當作姓之外，使用最多的義項是遲鈍、魯莽，但是周武王克商之後，「封弟周公旦於曲阜，曰魯」，周公不僅是武王的親弟弟，而且還是武王最重要的輔臣，武王既賜其封國名「魯」，那麼一定是美稱，不可能是一個貶義的稱號。

魯，甲骨文字形❶，其實「魯」字早在周公的國號之前就出現了。很顯然這是一個會意字，上面是一條魚，下面的「口」形是什麼呢？徐中舒先生認為這個「口」形像坎：「澤中水竭，魚乃露於坎。故魯之本義為露……魚陳於坎，利於大量捕獲，故魯又訓嘉。」（編註：訓，指解釋文字的意義）此說頗為牽強，古人不一定非要等到「澤中水竭」才能大量捕魚；而且「澤中水竭，魚乃露於坎」首先是不吉之兆，焉能用於美稱？

林義光解釋說：「彝器每言『魯休』、『純魯』，阮元云：『……魯本義蓋為嘉，從魚入口，嘉美也。』」彝器指古代祭祀常用的青銅器；「休」和「純」都是美善之意，「魯休」和「純魯」當然就是形容美味可口的鮮魚；阮元是清代著名學者。不過，把「魯」釋義為「從魚入口」，卻與甲骨文字形不符，該字形下面明明像一口器皿之狀，現代學者于省吾先生認為「口為器形，本像魚在器皿之中」。其實，把這個器皿理解成正在烹煮鮮魚的鍋，或者已經烹煮完成而端上鮮魚的容器都可以。

❷

❸

❹

　　魯，金文字形❷，魚的樣子更是栩栩如生，下面器皿的形狀則變成了「口」形。金文字形❸，下面的「口」形中又添加一橫，變成「甘」字，一橫表示口中含有的美食。小篆字形❹，下面訛變成「白」，許慎就是根據這個小篆字形認為「魯」字「從白」，這是錯誤的。

　　《說文解字》:「魯，鈍詞也。」即使如許慎所說「從白魚聲」，又怎麼能夠跟「鈍詞」扯上關係呢？許慎引用《論語・先進》中孔子評價「參也魯」（曾參很遲鈍）的話來做例證，但這不過是引申義而已。「魯」的本義就是魚味鮮美，從而訓為嘉美。

　　在周公分封魯國之前，這片地域早就「膏壤千里」，不僅陸上物產豐富，而且海產富饒，《史記・夏本紀》形容說「海物維錯」，鄭玄曰：「海物，海魚也，魚種類尤雜。」此地之所以名「魯」，正是由此而來，周武王不過借這個現成的美稱賜給周公做了國號。

　　《史記・周本紀》稱頌周公：「周公受禾東土，魯天子之命。」《魯周公世家》則如此稱頌：「周公既受命禾，嘉天子命，作《嘉禾》。」這兩段話的意思都是指周成王賜給叔父周公嘉禾，周公讚美稱揚天子之命。「魯天子之命」和「嘉天子命」同意，可知「魯」訓為「嘉」。

　　東漢經學家劉熙在《釋名・釋州國》中解釋說：「魯，魯鈍也，國多山水，民性樸魯也。」這是因為魯國「民性樸魯」，「魯」才引申為遲鈍、粗野，進而引申為魯莽之意，早已不復魯國之所以名「魯」的美稱了。

❶　　　　　❷

裡面的一點是酒漿或食物

十有三年，學樂，誦詩，舞勺——《禮記》

勺子是一日三餐必需的用具，今人對「勺」這個字的理解也就僅限於此了。殊不知在古代，「勺」不僅僅指湯匙，而是有著非常深厚的內涵。

勺，甲骨文字形❶，這是先民們最早使用的勺子：下部是便於手持的勺柄，中間是張開的勺口，左邊的一短豎表示用勺子舀起來的東西。金文字形❷，栩栩如生的一把勺子的樣子，裡面的一點同樣表示舀起來的東西。金文字形❸，橫放並且舀起食物的一把勺子。小篆字形❹，略有變形，但還能看出勺子的形狀。

《說文解字》：「勺，挹取也。象形，中有實。」也就是說，「勺」最早的用途是挹取酒漿，因此可通表示斟酒的「酌」字；不過，金文字形❸中舀起的很明顯是食物，因此「勺」也可用於舀食物。

不同的時代，勺子的形制也不一樣。根據《禮記·明堂位》的記載：「其勺，夏後氏以龍勺，殷以疏勺，周以蒲勺。」柄上刻有龍形的稱「龍勺」，為夏代所用；鏤刻以畫飾的稱「疏勺」，為殷商所用；以蒲草紋為飾的稱「蒲勺」，是周代所用。

最有趣的是十三歲的男孩子稱「舞勺」之年。根據《禮記·內則》的記載：「十有三年，學樂，誦詩，舞勺。」男孩子長到十三歲的時候，要學習音樂，念誦《詩經》，還要學會「勺」這種樂舞。

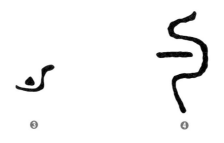

❸          ❹

　　那麼，「勺」到底是一種什麼樣的樂舞？為什麼十三歲的男孩子要開始學習呢？原來，「勺」是周公所作的樂舞，用以稱頌周武王的功德。但此舞為何稱為「勺」，歷來都沒有令人信服的解釋，《漢書・禮樂志》中也只是簡單地說：「周公作《勺》。勺，言能勺先祖之道也。」唐代經學家顏師古注解說：「勺讀曰酌。酌，取也。」意思是說能夠酌取先王之道。

　　但其實，「勺」不僅是飲食用具，還是一種祭禮，甲骨卜辭中有「勺於上甲冓雨」、「勺歲」、「勺羊豕」、「勺用羌」等記載；詞義分化後，這個義項加了表示祭祀的「示」字旁，寫作「礿（ㄩㄝˋ）」。

　　古代有四時之祭，不同的季節都要祭祀祖先，《禮記・王制》中有四時之祭的祭名：「天子諸侯宗廟之祭，春曰礿，夏曰禘，秋曰嘗，冬曰烝。」夏、商兩代春祭稱「礿」，夏祭稱「禘」；周代時改為春祭稱「祠」，夏祭稱「礿」，秋冬兩季不變。所謂祠、礿、嘗、烝（ㄓㄥ），都是指以正當時令出產的祭品供奉給祖先。

　　《禮記・中庸》中有言：「今夫水，一勺之多，及其不測，黿鼉、蛟龍、魚鱉生焉，貨財殖焉。」意思是說：水是一勺、一勺匯聚起來的，等到了浩瀚無邊的時候，黿（ㄩㄢˊ）、鼉（ㄊㄨㄛˊ）、蛟龍、魚鱉都在裡面生長，貨物、財富也就產生了。

　　「一勺」極言其少，因此「勺」有少之意；祭祀的供品，夏季時出產很少，因此以「礿」為名，正如張舜徽先生在《說文解字約注》一書中所說：「礿之為言約也，謂品物簡約也。礿亦四時祭中之省薄者。」

　　綜上所述，周公所作樂舞名《勺》，顯然是夏祭時的樂舞。舞蹈時，

童子手持一個竹製的樂器「龠（ㄩㄝˋ）」，因此屬於文舞，區別於執干戚（盾和板斧）的武舞；「龠」是最簡單的樂器，正如「夏龠」之簡約，因此「龠」還可以寫作「籥」，正是祭祀之舞手持「龠」的如實寫照。

　　至此可以得出結論：十三歲的男孩子年齡尚小，執龠而舞《勺》；而《勺》舞的真正來源，即夏天的龠祭。

❶

❷

## 一邊飲酒一邊擊鼓作樂

爾酒既旨・爾殽既嘉——《詩經》

《說文解字》：「嘉，美也。」《爾雅》：「嘉，善也。」這只是「嘉」的引申義，並非本義。那麼，「嘉」的本義是什麼呢？造出這個字的過程非常有意思。

嘉，金文字形❶，很明顯這是一個會意字，但會意的過程極其複雜，竟然一下子動用了四個字元！左邊是一面帶有裝飾的鼓，下面的口形代表盛酒的器具，中間是一隻手抓著類似湯勺的長柄舀子，用來從酒器中舀酒。整個字形是貴族們舉行酒宴的如實寫照：一邊飲酒，一邊擊鼓作樂。當然也可以理解為舉行盛大的祭祀時，從酒器中舀起用鬱金草和黑黍釀成的鬯（彳扤ˋ）酒做祭品，一邊擊鼓祭祀。

嘉，金文字形❷，省去了抓著舀子的手和下面的酒器，僅用長柄舀子和鼓來會意。金文字形❸，鼓的形狀大大簡化。小篆字形❹，鼓和口形依舊，但是手抓長柄舀子的這一意象卻訛變為「力」。

張舜徽先生認為「嘉」的本義「指飲膳之美」，與「嘉」的金文字形極為相符。《詩經・頍（ㄎㄨㄟˇ）弁》是一首描寫貴族們宴飲作樂的詩篇，其中有「爾酒既旨，爾殽既嘉」的詩句，正是形容「飲膳之美」。〈行葦〉篇中「嘉殽脾臄，或歌或咢」的詩句更是「嘉」字的最好注釋。「脾」是牛的內臟，「臄（ㄐㄩㄝˊ）」是牛舌及其相連的肉，可想而知都是宴席上的美味。「咢（ㄜˋ）」指只

❸

❹

擊鼓不唱歌，想想「嘉」的金文字形中那面美麗的鼓吧！

周代將禮儀分為五種，稱作五禮：吉禮，祭祀之禮；凶禮，逢凶事而舉行哀悼之禮；賓禮，接待賓客之禮；軍禮，顧名思義就是軍事上的禮儀；嘉禮，因人心所善者而制定的禮儀。嘉禮又分為六種，《周禮》記載：「以嘉禮親萬民。以飲食之禮，親宗族兄弟；以婚冠之禮，親成男女；以賓射之禮，親故舊朋友；以饗燕之禮，親四方之賓客；以脤膰之禮，親兄弟之國；以賀慶之禮，親異姓之國。」意思淺白易懂。

需要解釋的是「脤膰之禮」。鄭玄解釋說：「脤膰，社稷宗廟之肉，以賜同姓之國，同福祿也。」唐代學者賈公彥進一步解釋說：「分而言之，則脤是社稷之肉，膰是宗廟之肉。」其中，「脤（ㄕㄣˋ）」是祭社稷的生肉，因為盛在以蜃貝為飾的蜃器中，故稱「脤」。還有一說是「脤」是生肉，「膰（ㄈㄢˊ）」是烤肉，本來寫作「燔」，即燒烤之意。嘉禮如此煩瑣，後世加以簡化，專指婚禮了。

周代有一項有趣又飽含人情味的懲罰制度，《周禮》記載：「以嘉石平罷民。凡萬民之有罪過而未麗於法而害於州里者，桎梏而坐諸嘉石。」鄭玄解釋說：「嘉石，文石也，樹之外朝門左。」因有紋理而美麗的石頭稱「嘉石」，百姓有罪過而較輕，法律中沒有明文規定處罰，也沒有危害到州里的，就將他捆縛手腳坐在嘉石上，看著美麗的紋理思過，讓自己趕緊「嘉」起來，比如出言無忌、侮慢長老的過錯，就罰他「嘉石」之刑。這種處罰實在是太可愛了！

《詩經‧豳風圖》（局部）
（傳）南宋馬和之繪，絹本設色長卷，美國大都會藝術博物館藏

　　《豳風圖》卷根據《詩經‧國風‧豳風》的詩意而作。
全卷共分七段，依次為〈七月〉、〈鴟鴞〉、〈東山〉、〈破斧〉、
〈伐柯〉、〈九罭（ㄩ丶，捕小魚的細網）〉、〈狼跋〉，每段畫
前皆書寫了《豳風》的原文。圖中人物具象生動，筆法流暢
瀟灑，設色清麗古雅。
　　《豳風‧七月》是《詩經‧國風》中最長的一首詩。豳
地在今陝西旬邑、彬縣一帶，〈七月〉描繪了先民一年四季
的農家生活，是中國最早的田園詩。凡春耕、秋收、冬藏、
採桑、染績、縫衣、狩獵、建房、釀酒、勞役、宴饗，無所
不寫。這段畫面描繪的是詩中第八章，一年農事既畢，村人
集於公堂，長幼有序，宴飲作樂，舉酒慶賀。雖然不是宗廟
社稷大典，但村人淳樸歡樂的宴饗場面似更得「嘉禮」之神。

既

❶　　　　　　　❷

吃飽飯扭過頭去打嗝

君既食，又飯飧——《禮記》

「既」這個字今天只用作副詞，表示「已經」，比如「既來之，則安之」，意思是：已經來了，就在這裡安下心吧。不過，這個字剛造出來的時候，並不是虛詞，而是一個指稱具體動作的實詞；更有趣的是，很多人分不清楚「既」和「即」的區別，因而常常用錯，但是在古人那裡，二者的區別一目了然。

既，甲骨文字形❶，右邊是一個高腳食器，左邊是一個半跪著的人。古人吃飯呈跪姿，但這個半跪著的人雖然身體面向食器，張開的大大嘴巴卻往後面轉了過去。甲骨文字形❷，半跪著的人換到了右邊，仍然轉過頭去。甲骨文字形❸，食器中的一橫表示裡面所盛的食物。

現代學者李孝定先生在《甲骨文字集釋》中解釋說：「契文像人食已顧左右而將去之也。」其實這個人並非「顧左右」，而是已經吃飽飯，扭過頭去張嘴打飽嗝。這就是字形中嘴巴張開的原因。

對比一下「即」的甲骨文字形❹，這個半跪著的人面向食器，顯然正準備開始吃飯。羅振玉先生總結說：「即像人就食，既像人食既。」因此，「即」和「既」的區別就非常明顯了：「即」表示即將，即將開始吃飯；而「既」則表示完成，已經吃完飯了。明白這個區別，就再也不會用錯這兩個字了。

❸　　　　❹　　　　❺　　　　❻

　　既，金文字形❺，大同小異。小篆字形❻，食器和張嘴打飽嗝的
人形都不太像了，但循著甲骨文和金文的痕跡，還是約略能夠看出一
點樣子。而我們今天使用的「既」字，則完全失去了所象之形。

　　《說文解字》：「既，小食也。」所謂「小食」，是指先秦時期一日兩
餐制的晚餐。羅振玉先生質疑說：「許君訓既為小食，誼與形為不協
矣。」意思是說：「既」的本義明明是吃飽了飯，跟「小食」沒有任何
關係。不過，「小食」吃完之後，一天就結束了，因此可以將「小食」
視為引申義。

　　《禮記‧玉藻》中有一段臣子侍食國君的禮儀規定：「君未覆手，
不敢飧；君既食，又飯飧。飯飧者，三飯也。君既徹，執飯與醬，乃
出授從者。」

　　「覆手」指吃完飯後，把手覆在嘴邊，抹去汙跡；明末清初學者王
夫之則認為此乃是吃飽後的拱手之禮。國君尚未做這個表示吃飽的動
作之前，臣子不敢「飧」，這裡的「飧（ㄙㄨㄣ）」指用水澆飯。國君「既
食」，吃飽之後，臣子還要用水澆飯，再勸君食。古人食禮的最後一
道飯都稱「飧」，即吃完之後，再用水澆飯，因其利口，表示還可以再
吃一點才能徹底吃飽之意，同時也表示主人飯食之美。也有學者認為
臣子用水澆飯，吃三口，乃是再勸國君進食的禮儀。

　　「徹」指撤去饌食。國君吃飽後撤去饌食，臣子才可以撤去自己的
饌食，出門將剩下的飯和醬授給隨從。

# 羞

❶　❷　❸

## 手抓羊進獻給鬼神或王公

十四為君婦，羞顏未嘗開——李白

「羞」這個字在今天的意思是羞恥、害羞，但是最初造出來的時候卻不是這個意思。

羞，甲骨文字形❶，這是一個會意字，上面是一隻羊，下面是一隻手。金文字形❷，結構同於甲骨文。金文字形❸，在羊的下面又添加了一隻手，變成兩隻手。以手持羊，表示進獻的意思。小篆字形❹，下面的手訛變為「丑」，變成了一個形聲字。

《說文解字》：「羞，進獻也。從羊，羊，所進也；從丑，丑亦聲。」引申為凡是進獻，不管進獻的是什麼，都叫「羞」。「羞」有個同義字叫「薦」，也是進獻的意思，二者的區別在《左傳》的一句話中顯示得非常清楚：「可薦於鬼神，可羞於王公。」鄭玄注解道：「薦亦進也，備品物曰薦，致滋味乃為羞。」此注尚不清晰，他接著又注解道：「薦羞皆進也，未食未飲曰薦，既食既飲曰羞。」準備好品物叫「薦」，吃了這些食物，嚐到了滋味叫「羞」，這就是「既食既飲曰羞」的含義。鬼神無法真的吃下祭品，故稱「可薦於鬼神」；而王公可以真的嚐到美味，故稱「可羞於王公」。因此，「薦羞」一詞即指美味的食物。

由「羞」的本義，進而引申到人身上，用作推薦、進用的意思，比如《國語·晉語》：「有武德以羞為正卿。」有武德的人推薦擔任正卿的官職。

❹

❺

❻

❼

　　在漫長的演變過程中，古人為「羞」這個字添加一個「食」字旁，造了一個「饈」字，繼承「羞」的本義來專指美味的食物，比如「珍饈」。而「羞」這個字，因為古音與「丑」相近，於是將「羞」假借為「丑」來使用，這就是《說文解字》說「從丑，丑亦聲」的原因，由此而引申出羞恥、害羞等義項。《史記·廉頗藺相如列傳》：「吾羞，不忍為之下。」這是羞恥的意思。李白〈長干行〉：「十四為君婦，羞顏未嘗開。」這是害羞的意思。

　　需要辨析的是，古時「羞」假借為「丑」字，除了用於地支和時辰之外，任何時候都不能寫作「丑」。形容貌醜，只能用「醜」。

　　醜，甲骨文字形❺，這是一個會意字，左邊是一隻酒罈，右邊是一個鬼，看來鬼也喜歡喝酒。古人以為鬼的樣子最醜，因此用一個想喝酒的鬼來會意面貌醜陋。金文字形❻，酒罈上面添加了一隻手，被鬼拿到手裡，準備痛飲一番。鬼頭上添加了極其誇張的三束頭髮，以示此鬼之醜。小篆字形❼，結構同於甲骨文。

　　《說文解字》：「醜，可惡也。」因為「醜」這個字的筆劃太煩瑣，古人很早就開始用「丑」字來替代，並不是在簡體字中才開始這麼用的。明代徐渭在《南詞敘錄》中就說：「醜，以墨粉塗面，其形甚醜。今省文作『丑』。」

# 鼎

## 三足兩耳的煮食器

楚子問鼎之大小輕重焉——《左傳》

❶

❷

《說文解字》：「鼎，三足兩耳，和五味之寶器也。昔禹收九牧之金，鑄鼎荊山之下，入山林川澤者，魑魅魍魎，莫能逢之，以協承天休。」許慎的這段解釋分為兩層意思：「鼎，三足兩耳，和五味之寶器也」，這是在說，鼎起初是烹煮食物的食器，用來調和五味；「昔禹收九牧之金，鑄鼎荊山之下，入山林川澤者，魑魅魍魎，莫能逢之，以協承天休」，天休的意思是天賜福佑，這層意思是說，大禹鑄鼎，置之山林川澤能夠辟邪，魑魅魍魎等妖魔鬼怪見之望風而逃，鼎從單純的食器變得具有法力。但是，「鼎」為什麼會具備這樣的法力呢？

早在大禹的時代就能夠鑄鼎了，那麼甲骨文中一定已經有了這個字。鼎，甲骨文字形❶，這是一個象形字，上面是鼎的兩耳，中間是鼎的腹部，下面是鼎的三足。甲骨文字形❷，鼎腹更加突出。金文字形❸（見68頁），耳、腹、足仍然歷歷可見。小篆字形❹（見68頁），字形加以美化，雖然看不出來鼎的形狀，但從甲骨文到金文再到小篆一路演化的痕跡來看，大致可以猜測出鼎的樣子，不過下面變成了四足。

禹把天下分成九州，把九州的青銅集中在一起鑄造了九個鼎，在鼎上鐫刻著全國的名山大川和奇異之物，一鼎代表一州，九鼎集中存放在夏王朝的都城。從此，九州就成為中國的代稱，鼎也從單純的食器變成了國家

〈玩古圖〉（局部）
明代杜堇繪，絹本設色，臺北故宮博物院藏

杜堇，字懼男，號檉居、古狂、青霞亭長，丹徒（江蘇鎮江）人，約活躍於明代中期，與當時著名的文人仕宦多有交遊。他兼擅人物、界畫、山水、花卉，現存畫跡以人物故事畫為主，對明代中後期人物畫影響深遠。

　　〈玩古圖〉為杜堇工筆人物畫的代表作，反映了明代中晚期文人士大夫賞玩品鑑古器物的風尚。畫中描繪庭園一角，兩名士人在屏風前賞鑑黑漆長案上的鼎彝古物。畫中的家具用雅致華麗，體現了主人的財富與品位。案旁的長鬚文士正蹙眉審視一件青銅鬲，情態極為專注。案上器物琳琅滿目，古色爛然，包括青銅器、瓷器、金器。靠近畫面前端，有一個獸面夔紋扁足方鼎，旁邊是一件哥窯米黃釉鼎式爐。其餘包括碗、洗（編註：用以盛水的盥洗器具）、博山爐、豆、鐘、玉璧等，看似件件來歷不凡。作者於畫上題款曰：「玩古乃常。博之志大。尚象制名。禮樂所在。」顯示出主人情志不在這些器物本身，而在於探尋古代禮樂制度。

❸ ❹

政權的象徵。有個成語叫「一言九鼎」，就是從這裡來的，比喻人說話的分量很重，一句話抵得上九鼎的重量，也用來比喻極其信守諾言。

九鼎鑄成之後，夏傳商，商傳周，周代末年，王室衰微，許多強大的諸侯國都覬覦九鼎。有一次，楚莊王討伐陸渾之戎來到洛河的時候，陳兵於周王室境內。周定王派王孫滿前來犒勞楚軍，「楚子問鼎之大小輕重焉」，有取而代周之意，因此古人就把圖謀奪取政權稱為「問鼎」。

周王朝滅亡之後，九鼎就神祕地失蹤了，雖然有過種種離奇的說法，秦始皇甚至還親自前往泗水打撈，但九鼎再也沒有出現過。

鼎是國之重器，《周禮》規定：天子用九鼎，諸侯用七鼎，大夫用五鼎，士用三鼎或一鼎。這是絲毫不得僭越的。因此，貴族之家吃飯時要「列鼎而食」，意思是將允許使用的幾個鼎按照大小排列，從大到小根據等級制依次而食。這是古代社會等級制的真實寫照。

「鼎」的引申義很多，鼎是烹煮食物的食器，因此引申出「鼎沸」一詞，用鼎中的沸水來形容動亂的局勢。鼎為三足，故有「三足鼎立」這一成語。鼎為國家重器，因此引申為顯貴，比如鼎臣、鼎族、大名鼎鼎。鼎代表國家政權，因此政權的易手被稱作「鼎革」，革是革舊，鼎是鼎新，代表著新政權的建立。

# 尊

## 雙手舉著酒罈恭敬地進獻

少室出天外，巍巍何尊嚴——梅堯臣

**❶**

**❷**

　　尊，甲骨文字形❶，這是一個象形字，下面是兩隻手，上面是一個酒罈，雙手捧著酒罈。甲骨文字形❷，左邊添加了一個表示升高的符號，表奉獻登進之意。金文字形❸，下面的兩隻手沒變，上面的酒罈裡裝著酒，因為是陳酒，酒和酒糟（酒粕）下沉，「酉」上面的兩撇像浮出的水形。也有人說是酒滿了要浮出來的樣子，還有人說表示酒氣揮發。金文字形❹，右邊的升高符號更加明顯。小篆字形❺，下面簡化成了一隻手（寸）。

　　《說文解字》：「尊，酒器也。」《周禮》中有小宗伯的官職，職責之一是「辨六尊之名物，以待祭祀賓客」。「六尊」是六種注酒器，分別是：犧尊、象尊、著尊、壺尊、太尊、山尊。犧尊是牛形的盛酒器，背上鑿孔注酒，另一說是在尊的腹部刻畫牛形；象尊是象形或鳳凰形的盛酒器，另一說是用象牙或象骨裝飾；著尊是殷商時期的尊，著地無足，即立在地上，沒有尊足；壺尊是以壺為尊；太尊是用瓦製成的，太古的瓦尊；山尊是刻畫山和雲形的酒器。這六尊用來祭祀和接待賓客。

　　尊作為盛酒器，形狀是敞口、高頸、圈足（編註：底部的圓形圈）。尊上常常飾以動物或山雲形象，如同六尊那樣。段玉裁說：「凡酒必實於尊以待酌者。鄭注《禮》（鄭玄注《儀禮·士冠禮》）曰：置酒曰尊。凡酌酒者必資於尊，故引申以為尊卑字，猶貴賤本謂貨物而引

③

④

⑤

申之也。自專用為尊卑字，而別制鐏樽為酒尊字矣。」向人敬酒是一種尊重的表示，因此「尊」字引申為尊重、尊敬之意，而「酒器」的本義被新造的「鐏」、「樽」等字所替代。

《禮記‧表記》：「使民有父之尊，有母之親，如此而後可以為民父母矣。」《廣韻》：「尊，重也，貴也，君父之稱也。」古人很早就把「尊」字用到君、父身上了，因此「尊」成為對君、父和其他長輩的敬稱，比如「至尊」用來稱皇帝，「尊姓大名」用來恭敬地詢問對方的名字。

《荀子‧致士》：「師術有四，而博習不與焉：尊嚴而憚，可以為師；耆艾而信，可以為師；誦說而不陵不犯，可以為師；知微而論，可以為師。」按照荀子的說法，有四類人可以當老師：有尊嚴而使人害怕，可以當老師；年老而有威信，可以當老師；誦讀解說經典而在行動上不超越、不違反它，可以當老師；懂得精微的道理而能加以闡述，可以當老師。唯獨「博習」即博學的人不能當老師。博學的人就是今天說的「知道分子」，世上所有的知識都知道一些，但是所有的知識都不精通，這樣的人的確不能當老師。

「尊嚴」一詞在今天的意思是指不容侵犯的身分或地位，比如人的尊嚴、國家的尊嚴，都是不可侵犯的意思。追根溯源，「尊嚴」為什麼神聖不可侵犯呢？原來，「尊」最常見的用法是對別人或自己父母的敬稱，比如「尊大人」和「尊堂」都是敬稱別人的父母，「令尊」是敬稱對方的父親，「家尊」既可用於敬稱對方的父親，又可用於敬稱自己的父親。「嚴」則是對自己父親的尊稱，比如「家嚴」是對自己父親的敬稱。《周易》中說：「家人有嚴君焉，父母之謂也。」其中，「嚴君」本

來是對父母的統稱，不過因為民間有嚴父慈母的說法，因此「嚴」才專稱父親，母親則稱作「家慈」。

　　「尊」和「嚴」既然是指父母，當然神聖不可侵犯，這才誕生了「尊嚴」一詞。「尊嚴」因此也引申為崇高莊嚴，比如北宋著名詩人梅堯臣〈汝州等慈寺閣望嵩岳〉一詩中寫道：「少室出天外，巍巍何尊嚴。」

照著雀的樣子製成的飲酒器

❶ ❷

《說文解字》：「爵，禮器也，象爵之形。」

爵，甲骨文字形❶，果然如同許慎所說的，是個象形字，下面有足，中間是盛酒或溫酒的器腹，器腹裡的圓圈表示盛的酒，器腹左邊的開口叫「流」，便於吸飲。「爵」的上面一定要有兩柱，這是禮制所規定的，因此甲骨文字形上面的那個箭頭就用來表示兩柱，兩柱的形制通常為帽形柱。甲骨文字形❷，器腹裡的酒用一橫來表示。

爵，金文字形❸，上面的兩柱稍有變形，器腹裡也沒有了酒。金文字形❹，簡直就是「爵」的畫像，只不過在右側添加了一隻手，表示以手持爵。金文字形❺，變得複雜起來，除了右邊的手之外，左邊依次為：上為帽形柱，中為器腹和「流」的變形，下面添加了一個「鬯」字，「鬯（ㄔㄤˋ）」是黑黍和鬱金草釀成的一種香酒。《說文解字》：「中有鬯酒，又持之也，所以飲。」許慎的意思是，爵中裝著鬯這種香酒，用手持之而飲。小篆字形❻，直接從金文演變而來。

古人很早就知道釀酒和飲酒，出土的殷代酒器之多，表明殷人飲酒的風氣之盛。紂王有酒池肉林的宴會，可見一斑。古代酒器很多，本文略舉幾例。鄭玄說：「一升曰爵，二升曰觚，三升曰觶，四升曰角，五升曰散。」觚（ㄍㄨ）呈喇叭形，細腰，高圈足，腹和圈足上

❸

❹

❺

❻

有稜；觶（ㄓˋ）多為圓腹敞口，圈足有蓋；角，形狀像爵，但是沒有上面的兩柱和出酒的嘴，兩尾對稱，有蓋；散，只以漆塗面，不用別的裝飾，為地位卑賤的人所用。

《左傳·莊公二十一年》：「虢公請器，王予之爵。」虢公向周王請求賜酒器，周王將爵賜給他。爵既是祭祀和宴飲時的禮器，於是引申出爵位的意思。根據《禮記·王制》的記載：「王者之制祿爵，公、侯、伯、子、男，凡五等。」後世把官職統稱為官爵。商鞅輔佐秦孝公變法時，為了獎勵軍功，設置了二十等爵制，即根據軍功的大小授予爵位，官吏從有軍功爵的人中選用。

根據《韓非子》的記載：「斬一首者爵一級，欲為官者為五十石之官；斬二首者爵二級，欲為官者為百石之官。官爵之遷與斬首之功相稱也。」意思是戰爭中斬一個敵人的頭顱授予一級爵位，做官的話可做五十石之官；斬兩個敵人的頭顱授予二級爵位，做官的話可做百石之官……以此類推。一首一級，後來乾脆簡稱作「首級」，這就是「首級」一詞的來源。首級制度直到北宋才廢除。

古人為什麼會把爵製成這種形狀呢？《說文解字》：「器象爵者，取其鳴節節足足也。」節節足足是鳥雀鳴叫的聲音，古人認為這種鳴叫的聲音是一種勸誡，節是節制，足是知足，所以許慎說爵製成雀的形狀，是對飲酒之人的一種勸誡。因此古人說：「取其能飛而不溺於酒，以寓儆焉。」又說：「取其鳴節，以戒荒淫。」都是勸誡飲酒之人不要貪杯的意思。因此，「爵」和「雀」其實是通假字，爵的樣子跟雀非常相像。

《帝王道統萬年圖·漢明帝》
明代仇英繪，絹本設色，臺北故宮博物院藏

仇英（約1494~1552），字實父，號十洲，太倉（今江蘇蘇州）人。初為漆工，長於彩繪棟宇，後改事畫藝。被譽為明代四大家之一。

　　《帝王道統萬年圖》冊頁共二十幅，分別描繪伏羲至宋仁宗等名主的事蹟，對幅有顧可學題記。此圖冊應是仇英應顧氏請託而繪，用以進獻朝廷，求得仕進。全冊落筆純熟，色調以青綠重彩為主，間或摻用泥金鉤邊，鮮豔華麗。

　　這幅畫的是漢明帝的事蹟。明帝在位時，提倡儒學，注重刑名文法，吏治清明，境內安定。明帝及隨後的章帝在位時期，史稱「明章之治」。史載永平十七年春正月，甘露降於甘陵。當年，甘露再次降臨，樹枝內附，芝草生殿前，神雀五色翔集京師。於是，公卿百官以明帝威德懷遠，祥物顯應，乃並集朝堂，奉觴上壽。

　　畫面表現的就是百官帶著各種祥瑞齊集殿前，向皇帝恭賀的場景，而大臣向皇帝「奉觴」所用的器物便是「爵」，其中不知是收集的甘露，還是美酒呢？

在閱讀古籍的時候，如果遇到含有「爵」的句子，並且按照「爵」的意思讀不通的時候，可以試著用「雀」來讀。比如《孟子》中有「為叢驅爵」的話，這個「爵」當作爵位、爵祿就講不通，而當作「雀」就可以講通了，即為叢林驅趕來鳥雀。還有「爵室」一詞，《釋名‧釋船》：「在上曰爵室，於中候望之，如鳥雀之警示也。」還有「爵弁」，這種帽子是用赤黑色的布做的，就像雀頭部的顏色，故稱「爵弁」。

# 雅

## 像烏鴉的飲酒器

雅步媼纖腰‧巧笑發皓齒──陸雲

雛

❶

　　宏大寬容的氣度稱作「雅量」,《世說新語》中有「雅量」這一篇目,就是記述當時人的這種氣度。最能說明這種氣度的是嵇康。嵇康被判處死刑,行刑地點是在首都洛陽的東市。臨刑前,嵇康抬頭目測了一下日影,估計離午時三刻還有一些時間,於是氣定神閒地要來琴,為周圍的觀眾彈奏了一曲,即著名的〈廣陵散〉。一曲彈完,嵇康廢琴而歎:「過去袁孝尼請求我傳授〈廣陵散〉,我謹守誓言,沒有傳給他,可惜於今絕矣!」然後從容就死,這就叫「雅量」。

　　「雅」本來指一種鳥,就是烏鴉。小篆字形❶,這是一個形聲字,左邊的「牙」表聲,是烏鴉的擬聲,右邊的「隹」表意。「隹」讀作ㄓㄨㄟ,《說文解字》:「隹,鳥之短尾總名也。」而「隹」是漢字的一個部首,從「隹」的字大多與禽類有關,比如雁、隼、雀、雉等。

　　《說文解字》:「雅,楚烏也,秦謂之雅。」可見「雅」就是「鴉」的本字。段玉裁說楚烏並非是楚地的烏鴉,但是許慎明明解釋說「秦謂之雅」,秦地將楚烏這種烏鴉叫作「雅」,由此對比,我覺得楚烏就是楚地的烏鴉。後來又造出了一個「鴉」字來指烏鴉,「雅」這個字就被借走,用作酒器的名稱。

　　為什麼「雅」會借用為酒器呢?這是因為古時的一種酒器「爵」就是仿照「雀」的樣子製成的,而「雅」

本來就是鳥類，因此可以如此借用。

　　三國時魏文帝曹丕所著《典論》中記載：「荊州牧劉表，跨有南土，子弟驕貴，並好酒，為三爵，大曰伯雅，次曰仲雅，小曰季雅。伯受七升，仲受六升，季受五升。」劉表好酒，甚至把酒器都按照伯、仲、季的排行進行排列，而且每件酒器盛的酒量也不一樣。當然了，不管是七升、六升還是五升，實在都夠多的，能喝下這麼多酒的人，當然就是「雅量」了。

　　根據北宋教育家溫革所著的《隱窟雜誌》記載：「宋時閬州有三雅池，古有修此池，得三銅器，狀如酒杯，各有篆文曰：伯雅，仲雅，季雅。當時雖以名池，而不知為劉表物也。吳均詩云：『聯傾三雅卮。』劉夢得詩云：『酒每傾三雅。』」由此亦可知，「雅量」最初是形容酒量，善飲才能稱作「雅量」。古時還有「雅壽」一詞，指舉杯祝壽。

　　清人翟灝在《通俗編》中說：「按世稱雅量，謂能飲此器中酒，不及醉也。」飲酒而不醉，謂之酒德，因此由「雅」引申出「正」的意思：「正而有美德者謂之雅。」今天經常使用的風雅、文雅、雅人深致等形容人美好氣度的詞，都是由此而來。也有學者說烏鴉為純黑色，因此「雅」由純黑引申為純正、高尚、美好之意。三國詩人陸雲有詩：「雅步嫋纖腰，巧笑發皓齒。」其中的「雅步」即指從容美好地行走。

❶ ❷

# 用絲巾蓋著的高腳盛肉器

籩豆大房・萬舞洋洋——《詩經》

　　「豆」在今天只有一個義項，就是指豆子，不管大豆、小豆都用「豆」來指稱。但是在古代，「豆」完全不是這個意思。

　　豆，甲骨文字形❶，這是一個象形字，像高腳盤的形狀。金文字形❷，裡面很明顯盛有東西，但是上面的一橫代表什麼呢？待會兒我們再講。金文字形❸，更接近於「豆」字的形狀。小篆字形❹和楷體字形都沒有什麼大變化。

　　《說文解字》：「豆，古食肉器也。」原來「豆」的本義就是一個盛放肉類的高腳器皿！《周禮・考工記》中說：「食一豆肉，飲一豆酒，中人之食也。」則「豆」不僅盛肉類，也可以盛酒。孟子也說過：「一簞食，一豆羹，得之則生，弗得則死。」一筐飯，一「豆」帶汁的肉，得到就活命，得不到就死亡。這些都是用「豆」的本義，「豆」因此引申為容量單位，四升為一豆。

　　現在我們來看「豆」上面的一橫是什麼東西。《儀禮・士昏禮》：「醯醬二豆，菹醢四豆，兼巾之。」其中，「醯（ㄒㄧ）」是醋，「菹醢（ㄐㄩ ㄏㄞˇ）」是肉醬。醋和醬、肉醬盛放在「豆」裡，上面要用一塊布巾或絲巾蓋起來。有的「豆」有蓋子，有的「豆」沒蓋子；沒蓋子的「豆」用巾蓋起來，當然是怕灰塵掉進去，有蓋子的「豆」用巾蓋起來，也許是為了裝飾，或是學沒蓋子的「豆」的

③　　　　　④

習慣而已。〈士喪禮〉中也有籩和豆都要用巾覆蓋的規定。這種巾，就是「豆」字字形上面的一橫。

　　籩（ㄅㄧㄢ）、豆常常連用，這是祭祀和宴會時常用的兩種禮器和食器，木製的叫「豆」，竹製的叫「籩」，瓦製的叫「登」。《詩經》中有一首詩〈閟宮〉，「閟（ㄅㄧˋ）宮」是魯國的神廟，其中寫道：「籩豆大房，萬舞洋洋。」將帶汁的肉盛放在籩、豆和俎裡，然後浩浩蕩蕩地起舞。「俎（ㄗㄨˇ）」也是一種禮器和食器，又稱「大房」，是四腳方形的青銅盤或木漆盤，常用來陳設牛羊肉。

　　根據《禮記》的記載，關於「豆」的形制，夏代使用的叫「楬豆」，「楬（ㄐㄧㄝˊ）」是小木椿，楬豆就是不加裝飾的木製的豆；殷代使用的叫「玉豆」，用玉裝飾的豆；周代使用的叫「獻豆」，「獻」是稀疏雕刻的意思，「獻豆」就是用玉裝飾，然後又在柄上加以雕刻的豆。這是夏商周三代「豆」的三種形制。

　　至於現在的「豆」是豆類的總稱，古時候卻不一樣，「菽」是豆類的總稱。再細分的話，大豆叫菽，小豆叫荅（ㄉㄚˊ）。黍、稷、秫、稻、麻、菽、荅、大麥、小麥合稱「九穀」，是古代最主要的九種農作物。漢代以後，「荅」字不常用，就將「豆」借用作「荅」的通假字，用來作為豆類的總稱，不管大豆、小豆一概稱作「豆」，「菽」的稱謂也不再使用，於是「豆」作為禮器和食器的本義就此漸漸失去了。

《重修臺郡各建築圖説・孔廟禮器圖》
清代蔣元樞繪，紙本彩繪，臺北故宮博物院藏

　　蔣元樞（1738~1781），字仲升，號香岩，江蘇常熟人，乾隆
四十年（1775）至四十三年（1778）任臺灣知府。《重修臺郡各建
築圖説》為乾隆四十三年蔣元樞所進呈的紙本彩繪，現存圖三十九
幅、圖説四十幅。蔣元樞於任內大力推動各項公共建設，包含修葺
城池、興築廟宇、增置武備、籌建衙署、備置禮器等，治績斐然，
《重修臺郡各建築圖説》即其政績之見證。

　　按圖説所記，這幅〈孔廟禮器圖〉是因「臺郡孔廟皆用鉛錫，
已屬陋質，至豆、籩、簠（ㄈㄨˇ）、簋（ㄍㄨㄟˇ），既非合度，且多
未備」，故「元樞謹按闕里制度，自吳中選匠設局，購銅鼓鑄備，
造禮樂各器」。圖中所繪禮器，包括豆、籩、簠、簋、鼎、爵、花瓶、
香盒等，形制極為詳備，是早期臺灣尊孔的重要文獻。

❶　　　　　　❷

# 深腹斂口環繞著花紋的圓形器皿

　　壺是中國人最常用的器具之一，就像尊、爵等古代器具一樣，不僅在形制上多種多樣，在禮制上也有許多嚴格的要求。

　　壺，甲骨文字形❶，這是一個象形字，完全就是一個壺的形狀，壺蓋、壺腹、壺足都畫得清清楚楚，中間的圓環形則是環繞壺身的花紋。甲骨文字形❷，壺蓋的形狀略有變化。金文字形❸，小篆字形❹，都沒有任何變化。從甲骨文和金文字形來看，「壺」的形制應當為深腹斂口的圓形器具。楷書字形❺，壺蓋和壺口處加以訛變，下面壺腹的形狀還能看得出來。簡體字形「壶」，下面變成了「业」，壺腹的形狀完全消失了。

　　《說文解字》：「壺，昆吾圜器也。」昆吾氏是夏、商的一支部落，擅長製陶和冶金，包括壺在內的許多器具都是昆吾氏所製。一開始的時候，壺都是圓形的，即所謂的「圜器」，後來也加入了方形。飲宴之時，卿、大夫、士這幾個階層要使用方壺，取其公正端方之意；士兵階層要使用圓壺，取其馴順聽命之意。

　　很多人都知道海中有三座神山，名為方丈、蓬萊、瀛洲，但是鮮為人知的是，這三座神山全都狀如壺形，因此又稱方壺、蓬壺、瀛壺，合稱「三壺」。蓬、萊都是草名，可見此神山草木之茂盛。瀛是海，瀛洲即海中的神山。方丈之名最為有趣，大致有兩種說法，一種說

❸

❹

❺

法是人心方寸，天心方丈，故稱「方丈」；另外一種說法是「方」者，道也；「丈」者，長也，對長輩的尊稱，「方丈」意即道長。這是道教的稱謂，佛教傳入中國後，借用了這一稱謂，可是今天的人們只知道佛教「方丈」，而不知道道教的「方丈」了。從「方丈」之名，也可以看出此神山確實為壺形。

李白有詩曰：「擊築落高月，投壺破愁顏。」在古人看來，投壺是各種遊戲中最古雅的一種，《禮記》甚至為投壺這種遊戲專門列了一章，來講述投壺的各種禮儀。簡而言之，投壺是飲宴時的娛樂活動，賓主依次用沒有箭頭的箭矢投向盛酒的壺口，以投中多少決勝負，勝者罰負者飲酒。投壺是源自於射禮的一種遊戲。

《左傳·昭公十二年》講述了一則有趣的「投壺」故事。晉昭公和齊景公飲宴，中行穆子相禮。投壺的時候，晉昭公先投，中行穆子說：「有酒如淮，有肉如坻。寡君中此，為諸侯師。」有酒如淮水，有肉如高丘，我國君要是投中，就能統帥諸侯。晉昭公果然投中。齊景公拿起箭矢，說道：「有酒如澠，有肉如陵。寡人中此，與君代興。」有酒如澠水，有肉如山陵。我要是投中，代君而興盛。他也投中了。

晉國另一位大臣伯瑕對中行穆子說：「您剛才說的話不恰當。我們本來就已經統帥諸侯了，壺有什麼用，投中有什麼可稀罕的？如此一來，齊君一定認為我國國君軟弱，回去後就不會再來了。」中行穆子反駁道：「我軍統帥有力，士卒爭先，今天就像從前一樣強大，齊國能做什麼呢！」這則「投壺」故事可視作晉、齊爭霸的外交試探。

# 鑊

## 抓著鳥兒放進鼎中煮

亨人掌共鼎鑊，以給水火之齊——《周禮》

❶

❷

❸

「鑊」讀作ㄏㄨㄛˋ，現在是一個生僻字，卻與古人的日常生活密不可分，這個字的字形也非常有趣。

鑊，甲骨文字形❶，羅振玉認為這就是「鑊」的本字。這是一個會意字，外面是一個鼎狀的器具，裡面是一隻鳥，會意為把鳥兒放進鼎中煮。這個鼎狀的器具叫「鬲（ㄌㄧˋ）」，和鼎的區別是，「鬲」下面的三足是中空的。甲骨文字形❷，鳥兒身邊的黑點表示沸水。甲骨文字形❸，鳥兒和「鬲」的形狀都加以簡化。金文字形❹，開始變得複雜起來：左邊添加了一個「金」，表示乃金屬所製；右邊鳥兒的下面又添加了一隻手，表示用手抓著鳥兒放進「鬲」裡面煮。金文字形❺，雖然更加美觀，但是左邊的鳥兒和右邊的「鬲」的形狀都變形得厲害。小篆字形❻，定型為今天使用的「鑊」字。

《說文解字》：「鑊，鑹也。」而「鑹（ㄒㄧ）」是大盆，但其實從形狀上來看，「鑊」並非大盆之形。《儀禮·少牢饋食禮》記載：「雍人陳鼎五，三鼎在羊鑊之西，二鼎在豕鑊之西。」雍人是掌管宰殺烹飪之人，羊鑊煮羊，豕鑊煮豬。由此也可知鼎和鑊是有區別的。《周禮》中還有「省牲鑊」的記載，牲鑊是專門烹煮用作祭祀的動物的大鍋。而在今天，南方的許多地區仍把鍋叫「鑊」或者「鑊子」。

《周禮》中記載，周代有亨人一職，乃司炊之官：「亨

❹  ❺  ❻

人掌共鼎鑊，以給水火之齊。」鄭玄解釋說：「鑊，所以煮肉及魚臘之器。既孰，乃肴於鼎，齊多少之量。」魚臘即是乾魚，「肴（ㄓㄥ）」指把牲體放入鼎中。由此可知，先用鑊把肉或魚臘煮熟，然後再將煮熟的肉或魚臘放進鼎中。鼎、鑊乃是兩種烹飪器。

古時還有用鼎鑊烹人的酷刑。《漢書·刑法志》：「秦用商鞅，連相坐之法，造參夷之誅，增加肉刑、大辟，有鑿顛、抽脅、鑊亨之刑。」參夷指夷三族；大辟是死刑；鑿顛指開鑿頭顱；抽脅指抽取肋骨致死；鑊亨即鑊烹，用鑊烹煮人。秦朝刑罰之嚴酷，可見一斑。

古人最早的飲茶之法就是使用鼎鑊。根據南宋學者羅大經所著的《鶴林玉露》記載：「《茶經》以魚目湧泉連珠為煮水之節。然近世淪（ㄌㄨㄣˋ）茶，鮮以鼎鑊，用瓶煮水，難以候視，則當以聲辨一沸二沸三沸之節。」

在唐代陸羽《茶經》之前，中國人很少飲茶，陸羽首創製茶之法。陸羽煮茶，名目繁多：「其沸，如魚目，微有聲，為一沸；緣邊如湧泉連珠，為二沸；騰波鼓浪，為三沸。」還沒有燒開的水稱「盲湯」；水剛滾則稱「蟹眼」，因泛起的小氣泡就像螃蟹的小眼睛；漸大就叫「魚目」，像魚的大眼睛。如魚目，此為一沸；水邊就像湧泉連珠一樣，此為二沸；騰波鼓浪，水徹底燒開了，此為三沸。羅大經感嘆南宋時煮茶不再用鼎鑊，而是用瓶，無法用眼睛察看到沸水之態，而只能依靠聲音來辨別了。

宋人摹〈蕭翼賺蘭亭圖〉（局部）
唐閻立本繪，絹本設色，臺北故宮博物院藏

　　閻立本（?~673），唐代大畫家，作品線條剛勁有力，色彩古雅沉著，有
冠絕古今之美譽。這幅畫取材於唐人筆記，描繪監察御史蕭翼奉唐太宗之命，
騙取辯才和尚手中的王羲之真跡《蘭亭序》的故事。現存宋人摹〈蕭翼賺蘭亭
圖〉計有三本，除此本外，另兩本分別藏於遼寧省博物館、北京故宮博物院。
　　畫中左下畫二僕煎茶。一年長者，滿臉鬍鬚，蹲坐在風爐前，爐上置放一
「鍑」，長柄帶耳。爐火正旺，鍑中水已沸。他左手執鍑柄，右手持茶夾，似剛
放下茶末，正要攪動茶湯。旁邊一童子，彎身弓背，雙手捧著茶托、茶碗，準
備分茶奉客。年長者專注備茶，童子小心等待，表情傳神，刻畫入微。爐邊的
茶几上置有茶托、茶碗、茶碾、茶罐等用具。由畫中可以看出，唐朝飲茶文化
之盛，遍及民間，寺院中亦以茶待客。這一角畫面具象展現了唐朝煎茶之器
物、方式，以及唐人對茶之鄭重其事。

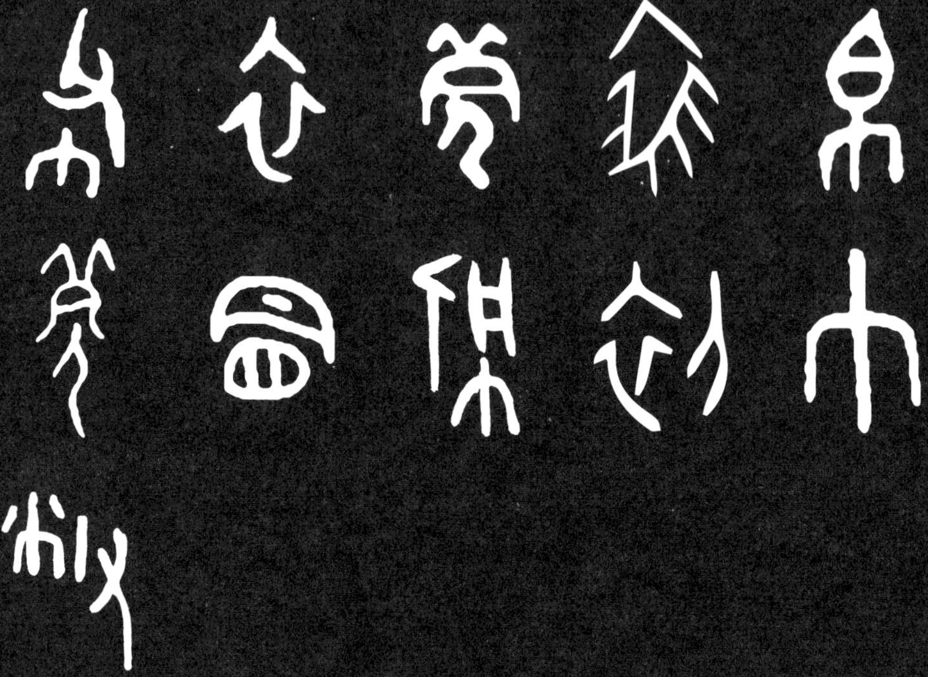

# 服飾篇

# 布

## 手持工具的人穿著衣服

其藏曰泉，其行曰布——鄭玄

❶

❷

　　「布」是一種製作衣服的織物，此為它今天使用最多的義項；不過在古代，「布」的含義可沒有這麼狹窄，相信很多人都不知道，「布」同時還用作錢幣的代稱。

　　甲骨文中還沒有發現「布」，這表明「布」是一個後起字。金文字形❶，上面是一隻手持著一個棒狀的工具，下面是「巾」。多數學者認為上面就是「父」，用來表音；下面的「巾」用來表意，指衣服。也有學者認為上面的字元表示一個男人手持棒狀或斧狀的農具在耕作，下面的「巾」表示用來遮蔽身體的衣服。

　　布，小篆字形❷，上面有所訛變，但基本上還能夠看出來手和工具的樣子。而我們現在使用的「布」字，已經看不出來這個形狀了。

　　《說文解字》：「布，枲織也。從巾父聲。」其中，「枲（ㄒㄧˇ）」是不結籽的大麻，也用作麻的總稱。段玉裁解釋說：「古者無今之木綿布，但有麻布及葛布而已。」也就是說，「布」的本義即麻布，木綿布即棉布，其原料棉花直到東漢末年才由印度引種而來，因此，先秦時期的平民所穿的衣服皆為麻製，故有「布衣」之稱；貴族則可穿絲織品「帛」。

　　不過，陳雲鶯在《中國人走過的歷程（第二集）》一書中則認為，「布」的金文字形下面不是「巾」，而是用於鋤草的青銅農具「鎛（ㄅㄛˊ）」的象形，因此才可以做

為錢幣的代稱。他這樣寫道：「貝為信物，有關交換，但非做為特殊商品使用的貨幣；布為工具，有關生產，為青銅所製⋯⋯此涵義為周室推行農業生產，並發展部落交換。此後貝向財貨字義發展，故貨財字多從貝；至鐵器逐漸發展而銅器漸漸退伍，青銅農具錢鎛之類乃變成貨幣，改稱錢布若泉布，或變為鐘鎛則為樂器，時已入於東周後期。」

對古代貨幣史不熟悉的讀者朋友可能不太懂這段話。原來，周代的貨幣稱「布」或「泉」。根據《周禮》的記載，周代「外府掌邦布之入出」，鄭玄注解說：「布，泉也⋯⋯其藏曰泉，其行曰布，取名於水泉，其流行無不遍。」意思是說：「布」和「泉」只是同一物的兩個不同名稱，收藏時稱「泉」，用出去時稱「布」，取泉水流淌而遍布之意。

不過，實際情況則更可能是，古代賦稅以實物徵收為主，而人人都離不開的紡織品是立國的物質基礎之一，因此布帛就得以做為貨幣單位使用。正如張友直先生所著《中國實物貨幣通論》一書中所說：「賦稅的『賦』源於布帛之『布』，賦、布同音，聲、義亦從『布』出，『布』為財貨，賦字則從貝武，賦稅之『賦』本以徵收布帛幣而得名，賦稅之『稅』則以徵收穀物幣而取義，兩者都採取實物貨幣形式。」

〈持布女子〉（布をかざす女）
喜多川歌麿繪，約1795~1796年

　　這是一幅喜多川歌麿最擅長的「大首繪」，如特寫鏡頭般細膩描繪女子頭部和上半身之樣貌、神情。畫中美人整齊挽著烏黑髮髻，眉目清晰，鼻子挺直，櫻唇微啟，露出染黑的牙齒。她雙手扯起一塊半透明的印花織物，遮住臉龐，不知是想擋一擋前面的光線，還是想借此隱藏自己的容顏或某種情緒。這塊薄紗織物透明度如此之高，色調與印花也非常雅致。歌麿將織物輕薄滑順的質感表現得令觀者也情不自禁想觸摸。女子臉龐圓潤，鬢髮如雲，肌膚細膩，彷彿還帶著體溫，這種活色生香的美人畫正是歌麿的拿手好戲。

## 有領有袖有衣襟

願在衣而為領，承華首之餘芳——陶淵明

❶　　　　❷

　　陶淵明在著名的〈閒情賦〉中深情地吟詠道：「願在衣而為領，承華首之餘芳。」癡情到想成為愛人衣服上的領子，以承接到愛人脖頸上的餘香。我們來看看「衣」和「領」的關係。

　　衣，甲骨文字形❶，這是一個象形字，上面是衣領，中間是衣袖，下面是衣襟合攏的形狀，衣襟向左開。甲骨文字形❷，衣襟向右開。金文字形❸，字形更勻稱，簡直就像一個真的衣架子，衣襟向左開。金文字形❹，衣襟向右開。小篆字形❺，衣襟向左開。楷體字形完全看不出衣服的樣子，更別說衣襟向哪個方向開了。

　　中國的衣服，據說是黃帝時的大臣胡曹所制，交領右衽。「衽（ㄖㄣˋ）」是衣襟，所謂右衽，是指前襟向右掩，右邊開襟，看起來像字母「y」的形狀。這跟中原民族尚右的習俗有關。與之相反，中原以外的民族尚左，因而左衽，前襟向左掩，左邊開襟。孔子有句名言：「微管仲，吾其被髮左衽矣。」意思是說如果沒有管仲，我就要像蠻夷一樣披散著頭髮，衣襟開在左邊了。但是我們看「衣」的甲骨文和金文字形，左衽、右衽並沒有如此嚴格的區分，甚至金文字形中的左衽還多於右衽。小篆就更不用說了，明顯是左衽。

　　不知道為什麼左衽和右衽的區別沒有在這個字的字形中反映出來。如果允許猜想一下的話，「衣」字的不

③

④

⑤

同寫法是不是跟民族的融合有關？換句話說，不管是中原民族還是所謂的「蠻夷」，大家使用的都是同一套漢字系統，因此出現了「衣」字左衽、右衽並存的現象。

《說文解字》：「衣，依也。上曰衣，下曰裳。象覆二人之形。」人所倚以蔽體者也，故曰「衣，依也」。上衣叫「衣」，下衣叫「裳」。「裳」不是今天穿的褲子，而是裙子，不分男女都可以穿。《詩經‧東方未明》中有兩句詩：「東方未明，顛倒衣裳。」「東方未晞，顛倒裳衣。」天還沒有亮就穿衣服，把上衣和下裙穿顛倒了。《詩經‧綠衣》中也有「綠衣黃裳」的名句，是指綠色的上衣和黃色的下裙。今天的「衣裳」一詞已經是泛指了。不過，許慎根據小篆字形釋為「象覆二人之形」是錯誤的。

儒家關於穿衣的禮儀有一整套不厭其煩的規定，在孔子身上表現得最為明顯。根據《論語‧鄉黨》的記載：「君子不以紺緅飾，紅紫不以為褻服。當暑，袗絺綌，必表而出之。緇衣羔裘，素衣麑裘，黃衣狐裘。褻裘長，短右袂。必有寢衣，長一身有半。」

「紺（《ㄢˋ）」，深青透紅，齋戒時所穿衣服的顏色；「緅（ㄗㄡ）」，黑中帶紅，喪服的顏色；「褻服」，家居時所穿便服；「袗（ㄓㄣˇ）」，單衣；「絺（ㄔ）」，細葛布；「綌（ㄒㄧˋ）」，粗葛布；「緇（ㄗ）」衣，黑色的衣服；「麑（ㄋㄧˊ）」，幼鹿。

這段話的意思是：孔子不用深青透紅或黑中帶紅的布鑲邊，不用紅色或紫色的布做家居便服。夏天時要穿細葛布或粗葛布的單衣，出門時一定要罩在內衣外面。黑色衣服配黑色羔羊皮衣，白色衣服配白

色幼鹿皮衣，黃色衣服配黃色狐狸皮衣。家居時穿的皮衣做得長一點，右邊的袖子短一點，便於做事。睡覺時一定要有睡衣，長一身半。

同一章還說：「齋，必有明衣，布。」此處的「明衣」是指在齋戒期間沐浴後所穿的乾淨內衣。孔子每當齋戒沐浴後，一定要穿明衣，明衣是用布做的。儒家禮儀是多麼煩瑣，由此可見一斑。

# 冠

## 用簪子別住頭髮再戴上帽子

衣裳承瑞氣‧冠冕蓋重瞳——薛能

❶

❷

古代男子到了二十歲就要舉行冠禮，表示成年了，但體魄還沒有發育到最強壯，因此二十歲的男子稱「弱冠」。「冠」是後起的字，小篆字形❶，這是一個會意字，上面是一塊布帛之類的東西，布帛覆蓋下，右下是一隻手，左下是一個人，人上面的兩橫，下面一橫代表頭，頭上一橫是簪子，整個字形就是冠禮的具象寫照：用手把頭髮紮起來，綰成一個髻，用簪子把頭髮別住，最後戴上帽子。

《說文解字》：「冠，絭也。所以絭髮，弁冕之總名也。」絭（ㄐㄩㄢˋ）是束縛之意，把頭髮束起來的東西就叫「冠」，因此「冠」的本義就是帽子。「冠」戴在頭上，因此引申出位居第一的意思，比如冠軍。

許慎說「冠，弁冕之總名也」，這裡牽涉中國古代的冠服制度。當時把頭上的裝飾物統稱為「頭衣」，頭衣的種類主要有：冠、冕、弁（ㄅㄧㄢˋ）、幘（ㄗㄜˊ）。

最初沒有「冕」這個字，「冕」的古字是「免」。我們看「免」的甲骨文字形❷，這是一個象形兼會意的字，下面是一個人，上面是什麼則有不同的解說。谷衍奎的《漢字源流字典》認為「像人戴喪帽俯身而吊形。古代喪禮，先脫掉冠，然後用白布包裹髮髻，免即此風俗的寫照」。徐中舒先生則認為「像羊角形為飾之帽」。總之跟帽子有關。金文字形❸，略加簡化。小篆字形❹，變

❸　　　　　　❹　　　　　　　❺

得過於複雜了，而且變形得屬害，帽子的形狀不大看得出來了。

　　《說文解字》沒有收「免」字，段玉裁則解釋說：「免，兔逸也，從兔不見足會意。」這就失掉了「免」的本義。後來，「免」字假借為免除的意思後，人們就造出了「冕」這個字。

　　後起的「冕」字，小篆字形❺，這是一個形聲字，在「免」上面加上了表意的「冃」字，「冃」就是「帽」的古字。《說文解字》：「冕，大夫以上冠也。」需要注意的是，「冠」發展到後來，跟「冕」一樣都只能供大夫以上的官員和天子本人使用，大夫以下的官員絕對不能使用。

　　冠服制度是中國古代最重要的禮儀制度，是等級制的象徵，以此表示貴賤有等，衣服有別。夏商時期冠服制度就已經定型，漢代時各種各樣的冠冕令人眼花繚亂。

　　皇帝專用的冠稱「冕冠」，上面有塊前低後高的木板，兩端各懸十二旒（五彩絲線製成），每旒貫十二塊五彩玉，還有各種裝飾品。皇帝之下的最高官員戴巍峨的通天冠。再低一級的官員戴長冠，然後是進賢冠和武官專用的武冠、法冠等，具體的形制還有非常詳細的規定，此處不贅述。

　　冠冕既為皇帝和官員所戴，當然是很隆重的裝飾，比如唐代詩人薛能的詩句：「衣裳承瑞氣，冠冕蓋重瞳。」而「冠冕」的引申義也不可能有絲毫的貶義成分。事實也正是如此，「冠冕」引申為出人頭地或者受人擁戴，也用來指稱仕宦之家。大概因為冠冕制度屬於外觀工程，後人於是把「冠冕」和「堂皇」兩個片語合在一起，專門形容那些徒有其表的人。

「弁」本來供士這個階層所用，後來通用為官帽，在舉行吉禮的時候戴冕，一般的禮服配弁。弁又分爵弁和皮弁兩種，爵弁乃文官所戴，「爵」是「雀」的通假字，這種帽子是用赤黑色的布做成的，像雀頭部的顏色，故稱「爵弁」。皮弁乃武官所戴，用白鹿皮所製。因為武官戴皮弁，因此後世以「弁」字指代低級武官，比如武弁、馬弁等稱謂即由此而來。「幘」是跟帽子配套的頭巾，用這種頭巾包裹著頭，中間露出頭髮，幘前高後低，然後再戴上帽子。

❶ ❷

# 裘

## 毛朝外的皮衣

彼都人士，狐裘黃黃——《詩經》

漢人徐幹在《中論‧虛道》篇中引用諺語「救寒莫如重裘」，「重（彳ㄨㄥˋ）裘」指厚毛的皮衣，可見在古人的日常生活中，「裘」是最重要的禦寒衣物，因此可以想像，「裘」這個字被造出來的時候，一定反映了古人的某些生活習俗和衣飾禮儀。

裘，甲骨文字形❶，這是一個象形字，上面是衣領，下面是帶毛的皮衣，請注意這件皮衣的毛是朝外的。金文字形❷，周邊變成了「衣」字，裡面的下部仍然是帶毛的皮衣，上部添加了一隻手，表示用手提起皮衣。金文字形❸，裡面的那隻手和外面的皮衣分離了。金文字形❹，是《說文解字》收錄的古文，省去外面的「衣」，其實就是「求」字。小篆字形❺，變成上中下結構。

《說文解字》：「裘，皮衣也，從衣求聲。一曰象形，與衰同意。」此處「衰（ㄙㄨㄛ）」是蓑衣，也是象形字，因此許慎說「與衰同意」，其實「裘」本來就是象形字，從以上字形看得非常清楚。許慎說「從求聲」，乃是根據小篆字形的解釋，不符甲骨文和金文的本義。

《詩經‧都人士》中吟詠居住在京師的士人，有「彼都人士，狐裘黃黃」的詩句，鄭玄解釋說：「古明王時，都人之有士行者，冬則衣狐裘，黃黃然取溫裕而已。」穿著狐裘而能看到黃黃的毛色，可見古時的「裘」毛是向外的。

③　　　　④　　　　⑤

　　《禮記・玉藻》中有關於「裘」的各種等級制區分和穿「裘」的各種禮儀。在行禮或者見賓客時,「裘」的外面必須加一件罩衣,稱作「裼(ㄒㄧˊ)衣」,否則會被認為不敬。裼衣披在肩上,但是無袖,以便露出裡面的「裘」的顏色。「裘」本來已美,裼衣的作用是飄揚飛舞更助其美,因此裼衣的顏色必須與「裘」之色相配。

　　「君衣狐白裘,錦衣以裼之。」狐白裘是最貴重的裘,國君所穿,用錦衣作裼衣。「君之右虎裘,厥左狼裘。」國君的衛士,居右的穿虎裘,居左的穿狼裘,以示威猛。「士不衣狐白。」狐白毛極少,以少為貴,只能國君穿,士階層是不能僭越的。「君子狐青裘豹褎,玄綃衣以裼之。」其中「褎」是「袖」的古字。大夫和士穿狐青裘,用豹皮裝飾衣袖的邊緣,用絲綢所製的黑色罩衣作裼衣。「麛裘青犴褎,絞衣以裼之。」其中,「麛(ㄇㄧˊ)」是幼鹿,「犴(ㄢˊ)」是北方的一種野狗,麛裘是用幼鹿皮製成的白色皮衣,用青色野狗皮裝飾衣袖的邊緣,用蒼黃色的罩衣作裼衣。「羔裘豹飾,緇衣以裼之。」羔裘即黑羔裘,用豹皮裝飾衣袖的邊緣,用黑衣作裼衣。「狐裘,黃衣以裼之。」狐裘用黃衣作裼衣。

　　平民百姓不能穿以上各種「裘」,而只能穿「犬羊之裘」,而且「不裼,不文飾」,既不能穿裼衣,也不能在「裘」上做各種裝飾。「吊則襲,不盡飾也。」此處「襲」是襲衣,是罩在裼衣外面的上衣,按照禮儀,弔喪的時候要掩蓋住裘色之美,因此用襲衣將「裘」罩住。

　　「裘」之為「裘」,實在是太煩瑣了!

《詩經‧唐風圖卷‧羔裘》
（傳）南宋馬和之繪、趙構書，絹本設色長卷，遼寧省博物館藏


　　《唐風圖卷》是宋高宗與馬和之合作的《詩經》系列圖之一。《唐風圖卷》根據《詩經‧唐風》中的十二章詩意而繪。「唐」是指周成王的弟弟叔虞的封國，也就是後來的晉，大約在今天的山西汾河流域一帶，「唐風」就是這個地方的詩歌。

　　這一段畫面對應的詩是《唐風‧羔裘》：「羔裘豹袪，自我人居居。豈無他人？維子之故。羔裘豹褎，自我人究究。豈無他人？維子之好。」《毛詩序》說：「《羔裘》，刺時也，晉人刺其在位不恤其民也。」今人解釋中，或謂本詩述朋友反目，或謂奴刺其主，或謂情詩。從內容看，所寫的是當時一位卿大夫，只有卿大夫才能穿袖口鑲著豹皮的羔裘（「羔裘豹袪」）。畫面上，一身華麗裘衣的卿大夫乘馬車招搖而過，趾高氣揚，後面可能是他的故人，正對其側目而視。詩中的「居居」、「究究」都是形容傲慢無禮的樣子。

❶　　　　　　　❷

## 帛

### 未染色的白色絲織物

五十者可以衣帛矣——《孟子》

很多古代常用的漢字因為附著於其上的物質要件或生活方式的消失，在今天都已經很少使用，「帛」也是其中之一，以至於「裂帛之聲」這樣的如實寫照只存在於人們關於文學欣賞的想像之中。但是在古代，「帛」是人們日常生活中非常重要的服飾原料。

早在商代，古人就已經造出了「帛」字，甲骨文字形❶，上「白」下「巾」，表示未染色的本色為白色的絲織物。金文字形❷，小篆字形❸，沒有任何區別，也跟兩千年以降、今天所使用的「帛」字沒有任何區別。

《說文解字》：「帛，繒也。從巾，白聲。」「繒（ㄗㄥ）」和「帛」一樣，也是絲織品的總稱，還有一說是「雜帛曰繒」，也就是染色的帛稱「繒」。張舜徽先生在《說文解字約注》一書中總結說：「帛之言白也，謂其色潔白也。繒以白者為本色，因謂之帛耳。璧本白色，故漢人取以喻繒之潔白。帛乃素繒之專名，引申為凡繒之通名。」漢代人用白璧來比喻潔白的帛，稱之為「璧色繒」。

孟子在〈梁惠王上〉篇中議論道：「五畝之宅，樹之以桑，五十者可以衣帛矣。」由此可看出，作為絲織品的帛，並非平民百姓消費得起的。正如清代學者桂馥在《說文解字義證》中的引述：「《范子計然》曰：『古者，庶人老耄而後衣絲，其餘則麻枲而已』」。

六十到八十歲的年齡統稱「老耄（ㄇㄠˋ）」，只有

**❸**

到了這樣的年齡才有資格穿帛；「麻枲（ㄒㄧˇ）」即麻布，平民百姓只能穿得起麻布衣服。因此，孟子理想中的社會形態就是：「七十者衣帛食肉，黎民不饑不寒，然而不王者，未之有也。」

帛的產量有限，價格又高，因珍貴而用作進貢、饋贈或祭祀的禮品。《尚書·舜典》中記載舜帝制定的朝禮：「修五禮、五玉、三帛、二生、一死，贄。」其中，「五禮」指吉禮、凶禮、軍禮、賓禮、嘉禮；「五玉」指公、侯、伯、子、男五等諸侯所執的五種瑞玉，根據等級高下，分別為璜、璧、璋、珪、琮。

「三帛」則極為講究：「諸侯世子執纁，公之孤執玄，附庸之君執黃。」此處「纁（ㄒㄩㄣ）」指淺紅色的帛，為代表諸侯的嫡長子所執；黑色（玄）的帛則為代表公的嫡長子所執；黃色的帛則為附屬諸侯的小國之君所執。「三帛」是用來墊著五種瑞玉。

「二生」指卿所執的小羊（羔）和大夫所執的雁，這是活的；「一死」指士所執的雉（野雞），這是死的；「贄（ㄓˋ）」即贄禮，古人初見面時必須帶著禮物。

以上就是諸侯、卿大夫和士朝見天子時的貢物。

「帛」跟「布」一樣，也用作貨幣，稱作「布帛」或「布帛幣」，乃是古代中國早期的實物貨幣。

〈搗練圖〉（局部）
（傳）唐代張萱繪、宋趙佶摹本，絹本設色，美國波士頓藝術博物館藏

　　張萱，唐代畫家，長安（今西安）人，以善繪貴族仕女、
宮苑鞍馬著稱。唐宋畫史著錄張萱作品有數十幅，部分被許多
畫家一再摹寫，但張萱原作至今無一留存。這幅傳宋徽宗趙佶
臨摹的〈搗練圖〉卷，是張萱作品傳世的重要摹本。

　　這一幕描繪的是四名女子以木杵搗練的情景。畫家以細勁
圓渾、剛柔相濟的墨線勾勒人物，輔以柔和鮮豔的重色，畫中
女子端莊豐腴，情態生動，體現出張萱人物「豐頰肥體」的特
點。「搗練」又稱「搗衣」，是古代製作衣服的重要工序之一。
「練」是一種生絲製成的絲帛織品，剛剛織成時質地堅硬且發
黃，必須經過沸水煮泡和漂白，再用木杵反覆捶搗，才能變得
潔白柔軟。在漢代前後，絲開始製成絲帛，搗練法隨之出現。

❶　　　　　　　　❷

## 獵人戴著羊角形的帽子

免冑而趨風──《左傳》

　　《說文解字》中沒有收錄「免」字，多數學者認為「免」是「冕」的本字。但「免」到底是什麼形制的帽子，則眾說紛紜，本文謹羅列各種妙趣橫生的觀點，供讀者朋友參考。

　　免，甲骨文字形❶，下面是一個俯身之人，上面很明顯是一頂有角狀裝飾的帽子。甲骨文字形❷，帽子的形狀大同小異。于省吾先生在《甲骨文字釋林》一書中認為「本像人戴羊角形之帽。古代狩獵，往往戴羊角帽並披其皮毛，以接近野獸而射擊之」。

　　現代學者馬敘倫先生認為是「首鎧」之形，即作戰用的頭盔。許進雄先生在《中國古代社會》一書中持同樣的觀點：「甲骨文的『免』字，作一人戴有彎曲裝飾的頭盔狀。戴頭盔的目的在於避免箭石的傷害，故引申有避免、免卻、脫免等，從保護頭部轉來的有關意義。戴頭盔本是武士才有的殊榮，作戰的裝備。後來，非武士成員掌握政權後也可戴冠帽，頭盔也演變成行禮用的禮冠。所以『免』演變成『冕』字，是行禮用的冠。」

　　谷衍奎先生在《漢字源流字典》中則釋義為：「甲骨文像人戴喪帽俯身而吊形。古代喪禮，先脫掉冠，然後用白布包裹髮髻，免即此風俗的寫照。如今農村喪帽仍以白布勒在頭上。」

　　免，金文字形❸，省掉了帽子上的角狀裝飾。白川

**❸**

**❹**

靜先生據此認為：「此字有兩個字源。1.象形，除冑之形。由摘下頭盔引申出摘除、脫下、擺脫、避免、免除之義。戰場上，行禮時應摘下頭盔。2.象形，為分娩時的狀態。兩胯展開嬰兒出生之態。義為分娩。『免』為『娩』之初文。」

冕，小篆字形❹，上面添加了表示帽子的「冃」，從而定型為使用到今天的「冕」字，本義為統治階層所戴之冠。

以上諸說中，「免」指頭盔，比如《左傳·成公十六年》記晉、楚鄢陵之戰，晉國大夫郤至「見楚子，必下，免冑而趨風」，這是說郤至追逐楚軍時，看到楚共王，就立刻下戰車，脫去頭盔，疾行至下風處，以表示對對方國君的尊重，因此被君子評價為「勇以知禮」。顯然，「免」的脫去之意即由頭盔引申而來。

「免」指喪帽，比如《左傳·僖公十五年》記秦、晉韓原之戰，晉惠公被俘，秦穆公打算把他殺了，秦穆公的夫人穆姬是晉惠公的姐姐，於是穆姬「使以免服衰絰逆」。「免」即指白布纏頭的喪冠，「衰（ㄘㄨㄟ）」是用粗麻布製成的喪服，「絰（ㄉㄧㄝˊ）」指繫在頭或腰上的喪帶。穆姬派使者捧著喪服去迎接秦穆公，表示自殺的決心，以此救弟弟一命。

諸說之中，當以于省吾先生的觀點最符合古人日常習俗的原貌，而且「免」和「冒（帽）」是同源字，詳見下一篇關於「冒」的解說。至於白川靜先生所謂像「兩胯展開嬰兒出生之態」，從字形上實在看不出來，因此，分娩之「娩」不過是「免」的衍生義而已。

❶　　　　　　　　❷

裝飾了兩隻角的帽子

太后以冒絮提文帝——《史記》

　　今人習俗，並不是每個人都戴帽子，不過在古代，戴帽是禮制的一部分，也就是說，禮制要求每個人都必須戴帽子。杜甫的名篇〈飲中八仙歌〉吟詠「張旭三杯草聖傳，脫帽露頂王公前，揮毫落紙如雲煙」，「脫帽露頂」是不禮貌的行為，更嚴重地說，是不符合禮制的行為。當然，所戴帽子的形制也有極其嚴格的等級制區別。

　　需要說明的是，《說文解字》中沒有收錄「帽」，可見這是一個後起字。「帽」的古字寫作「冃」和「冒」，魏晉時期詞義區分的時候，才添加了一個巾字旁，用作帽子的專稱。

　　冃，甲骨文字形❶，下面是網狀的頭巾，頭巾上面裝飾著兩隻角。甲骨文字形❷，大同小異。《說文解字》：「冃，小兒、蠻夷頭衣也。」張舜徽先生在《說文解字約注》一書中解釋說：「即今所稱便帽也，以巾為之，但取禦風寒耳。今老農老圃猶多著之。」

　　這一釋義並沒有講清楚頭巾上面為何會有角飾。本書前文關於「免」的解說中，已指出「免」和「冒」為同源字，請再重溫于省吾先生在《甲骨文字釋林》一書中的觀點：「本像人戴羊角形之帽。古代狩獵，往往戴羊角帽並披其皮毛，以接近野獸而射擊之。」李孝定先生在《甲骨文字集釋》一書中贊同此觀點，並補充解釋說：「於謂上像羊角之飾，今吾湘小兒頭衣常作獸頭形

❸

❹

（多作虎頭），上出兩耳，謂可避邪。與契文此字狀極相似。」

　　冒，金文字形❸，發展到西周時期，戴帽已成為日常禮制，因此省去了原始思維的角飾，只留下頭巾之形，頭巾裡面的一橫表示頭部，下面則添加了一個橫「目」，表示帽子下面就是眼睛。小篆字形❹，橫目變豎目，同時帽邊拉長，變成了從冃從目的形聲字，頭巾的形狀也不大看得出來了。

　　《說文解字》：「冒，蒙而前也。」南唐文字學家徐鍇進一步解釋說：「以物自蒙而前也。」張舜徽先生更進一步解釋說：「今小兒嬉戲時，以巾裹目，相互追逐捉摸，謂之捉迷，蓋遠古之遺俗也……冒之本義為目不見物之稱，引申之則凡無知妄作者皆曰冒。」

　　白川靜先生在《常用字解》一書中也說：「帽子戴得很深，只露出眼睛，謂『冒』，有覆、戴之義……頭戴頭盔，突擊向前，有冒險之義。」

　　也就是說，包括許慎在內的這些學者，都不認同「冒」是「帽」的古字，而是認為「冒」的本義指用頭巾或者別的東西蒙住眼睛向前。但金文字形下面的眼睛明明睜得很大，還是釋義為「帽」最為準確。

　　《史記・絳侯周勃世家》記載，有一次薄太后生漢文帝的氣，「太后以冒絮提文帝」，「冒絮」即指絲綿所製的頭巾，也由此可見漢代時的頭巾或帽子稱「冒」。

　　上古時期，帽子的形制比今天豐富多了，統稱為「頭衣」，主要有統治階層所戴的冠、冕、弁（ㄅㄧㄢˋ），以及庶民所戴的巾、幘（ㄗㄜˊ），必須按照等級佩戴，絲毫混淆不得。

〈酒中八仙圖卷〉（局部）
明清佚名繪，絹本設色長卷，美國大都會藝術博物館藏

　　此畫又稱〈飲中八仙圖〉，根據杜甫〈飲中八仙歌〉創
作，圖中醉八仙排序為：李適之、賀知章、汝陽王李璡、
崔宗之、蘇晉、李白、張旭、焦遂。歷代繪畫名家都喜好
以杜甫〈飲中八仙歌〉入畫，尤其是明清畫家。本卷為純
粹的人物圖卷，無山水庭園背景，著力刻畫人物舉止情態，
突出每位酒仙的個性。

　　右圖一段畫的是「張旭三杯草聖傳，脫帽露頂王公前，揮毫落紙如雲煙」。當中一方長案，案旁一文士，露頂鬆衫，一手持酒盞，一手拿毛筆，正要揮毫落紙。兩個童子，一從背後扶持，一在前方捧硯。另有觀者二人，衣冠整齊，相視議論著什麼。瀟灑揮毫者即張旭，案上放著一頂軟腳襆頭，便是張旭所脫之帽了。

# 佩

## 一個人衣帶上掛著玉

知子之來之，雜佩以贈之——《詩經》

❶　　　　❷

「佩」這個字涉及古人佩玉和佩帶的一系列規矩，而且這個字最初造出來的時候，也跟玉和帶密切相關。

佩，金文字形❶，這是一個會意字，左邊是一個人，右上部是盤形的玉，右下部是「巾」，做為裝飾。金文字形❷，左邊的人轉過臉來，面向玉和巾。小篆字形❸，右上部的盤形玉變形為「凡」。

《說文解字》：「佩，大帶佩也。佩必有巾，巾謂之飾。」本義是繫在衣帶上的玉飾。《詩經·女曰雞鳴》是一首夫妻對話的詩篇，面對妻子的關懷，丈夫深情地吟詠道：「知子之來之，雜佩以贈之；知子之順之，雜佩以問之；知子之好之，雜佩以報之。」這裡的「雜佩」指連綴掛在一起的各種各樣的佩玉。

許慎為什麼稱「佩，大帶佩」呢？這是因為古代官員的服飾一定要用帶子束起來，帶分為革帶、大帶兩種，革帶就是皮製的帶子，大帶是素絲製的帶子。革帶在內，佩玉、官印、荷包等都繫在革帶上；大帶在外，又叫「紳」。「縉紳」一詞的「縉」通「搢」，顏師古說：「縉，插也，插笏於紳。」而「笏（ㄏㄨˋ）」是上朝時大臣所執的狹長形手板，按等級分別用玉、象牙或竹製成，用來記事，免得臨時忘了向皇帝稟報的細節。「縉紳」就是將這塊手板插在「紳」裡。因此，許慎說的「佩，大帶佩」其實應該叫作「佩，革帶佩」。

❸

　《禮記・玉藻》中有關於佩玉的種種規定：「古之君子必佩玉。」「凡帶必有佩玉，唯喪否。」舉辦喪事的時候，要去掉包括佩玉在內的各種飾物。「君子無故，玉不去身，君子於玉比德焉。」因為佩玉較多，比如「雜佩」，一走路就會叮叮噹噹地發出悅耳的聲音，這表示「非辟之心，無自入也」，對人不利的邪惡之心，因這種示警般的響動而無法得逞。

　東漢學者劉熙所著的《釋名》一書，如此解釋「佩」字：「佩，倍也，言其非一物，有倍二也。」所謂「倍二」，是指佩玉有兩種功能，一種叫「事佩」，一種叫「德佩」。古人認為玉具備了仁、義、智、勇、潔五種德行，平時佩帶玉，表示「於玉比德」，這就叫「德佩」；但是上朝的時候，要用綬帶把佩玉打結，不讓它們發出聲音，以表示要和國君議事，這就叫「事佩」。

　《禮記・玉藻》還規定：天子佩白玉，用黑色絲帶繫玉；公侯佩山玄玉，用朱色絲帶繫玉；大夫佩水蒼玉，用純色絲帶繫玉；天子或諸侯的太子佩瑜玉，用青黑色絲帶繫玉；士佩瓀玟，瓀（ㄖㄨㄢˊ）和玟（ㄇㄧㄣˊ）都是似玉的美石，用赤黃色絲帶繫之。但是孔子比較特殊，佩戴的是五寸象牙環，用青黑色絲帶繫之。為什麼孔子獨獨佩戴象牙環呢？鄭玄解釋道：「謙不比德，亦不事也。象，有文理者也；環，取可循而無窮。」孔子是聖人，又是教育家，因此既不「德佩」，也不「事佩」。孔穎達解釋得更清楚：「象牙有文理，言己有文章也；而為環者，示己文教所循環無窮也。」

# 初

## 用刀為新生兒裁新衣

皇覽揆余初度兮，肇錫余以嘉名——屈原

❶　　　　❷

「初」這個字的左邊是衣字旁，右邊是一把刀，這兩個字元組合在一起，為什麼能夠表示初始之意呢？我們來看看古人造這個字的時候到底是怎麼想的，這個字又反映了先民的什麼習俗？

初，甲骨文字形❶，這是一個會意字，左邊是「衣」，右邊是刀，會意為以刀裁衣。甲骨文字形❷，大同小異。金文字形❸和❹，區別不大。小篆字形❺，可以看出，這個字幾千年來幾乎沒有任何變化。

《說文解字》：「初，始也。從刀從衣。裁衣之始也。」徐鍇解釋說：「禮之初，拖衣以蔽形。以刀裁衣，會意。」清代學者朱駿聲解釋《廣雅・釋詁》中「初，舒也」的釋義時說：「謂展布帛以就裁。」歷代學者都認為以刀裁衣乃是做衣服的開始，做衣服遮蔽身體又是文明的開始，因而引申為初始。

不過，我倒認同白川靜先生的獨特解釋，他說：「初次做衣，即為新生兒做嬰兒服。想來，製作嬰兒服前，先要舉行剪切布料的儀式。由此，『初』有了初始、起始之義。」

《尚書・召誥》篇中，周公和召公讚美周成王居住洛邑治理天下的決定，於是「王乃初服」，西漢經學家孔安國解釋說：「言王新即政，始服行教化，當如子之初生，習為善，則善矣。」很顯然，將「初服」解釋為

❸

❹

❺

初始服行教化，這應該是引申義；我很懷疑「初服」的本義正是白川靜先生所說的，為新生兒做嬰兒服之前剪切布料的儀式。〈召誥〉篇緊接著把「初服」比作「若生子，罔不在厥初生，自貽哲命」，此即孔安國所謂「當如子之初生，習為善，則善矣」。而初生子第一件事就是為他做衣服，做衣服之前舉行祈福儀式，當然就是希望初生子向善之意。從此義引申開去，後世便將還沒有做官時所穿的衣服稱作「初服」，與「朝服」相對。

此外，還有一個佐證。屈原在〈離騷〉開篇就吟詠道：「皇覽揆余初度兮，肇錫余以嘉名。」我的父親揆度（揆察測度）並觀察我初生的時節，一開始就賜給我美好的名字。「初度」，歷代學者們都釋為初生之時，因此後來也用作生日的代稱。「度」是指伸開兩臂度量長短，「初度」極有可能是屈原的父親為他度量布帛的長短，裁新衣舉行祈福儀式，然後取名為「平」，寄託著美好的願望。

商代有衣祭或稱衣祀的祭祀，民間甲骨文研究者華強先生將「衣」解釋為新生兒分娩時的胎衣，因此衣祭「很可能是和新生嬰兒有關的向祖先祈福的祭祀，為了祈求祖先對該嬰兒的庇佑」。這應該就是「初」字從衣從刀的本意所在。

「初」由為新生兒裁新衣而引申為次序居第一之位，比如據近代國學大師王國維先生考證，古人將一月分為四，第一日至七、八日就叫「初吉」。不過，也有學者認為「初吉」指初一日，《詩經·小明》篇中有「二月初吉，載離寒暑」的詩句，意思是二月初一，歷經寒暑。

❶　　　　　　　　❷

# 巾

## 用細絲把巾繫在帶子上

佩必有巾‧巾謂之飾——《說文解字》

　　從「巾」的漢字非常多，常見的比如帶、布、帛、帳、幕等，也就是說，絲麻製品和布製的物品多從「巾」。但是稀奇的是，甚至連幣、帑這樣的漢字都從「巾」！可見「巾」在古人日常生活中的重要性。

　　「巾」是一個極其簡單的字，甲骨文字形❶，金文字形❷，再到小篆字形❸，兩千多年來沒有任何變化。《說文解字》：「巾，佩巾也。從冂，丨象糸也。」也就是說，這個字形外面的「冂」像一幅巾的形狀，中間的一豎是「糸（ㄇㄧˋ）」，即細絲，用這條細絲把這幅巾繫在帶子上。

　　《說文解字》對「佩」所做的釋義中說：「佩必有巾，巾謂之飾。」古代禮制要求日常佩帶的物品中必須要有「巾」，因此許慎才會解釋為「佩巾」。張舜徽先生在《說文解字約注》一書中進一步解釋說：「古之佩巾，亦所以為容飾也。今人隨身有小手巾，以備揩汗去垢之用，即古人所謂拭物也。大抵拭物之巾小，覆物之巾大，佩巾乃小巾也。余兒時猶及見士大夫家婦女常納巾於右腋衭間，而露垂於外，不時取以拭汗垢，蓋亦佩巾遺意，惟無繫耳。」

　　這塊不分男女人人都必須帶的佩巾，又稱作「帨（ㄕㄨㄟˋ）」或「紛帨」。《禮記‧內則》中有這樣的規定：「子生，男子設弧於門左，女子設帨於門右。」

❸

「弧」指木弓，生了男孩子要在門的左邊掛上一把木弓，生了女孩子則要在門的右邊掛上一塊佩巾。古人對男孩子和女孩子未來的期望由此可見區別。

不僅如此，這塊佩巾還將跟隨女人一起出嫁。根據《儀禮・士昏禮》的記載，女子出嫁前夕，「母施衿結帨」。「衿（ㄐㄧㄣ）」指衣服的交領，「施衿」即在交領上繫纓帶，表示已經有所歸屬；佩巾也要繫在交領上。然後母親還要說：「勉之敬之，夙夜無違宮事。」其中「宮事」指婆婆所吩咐的事。

「巾」既可作佩巾，也可作頭巾使用，人們熟知的「巾幗」一詞即指女人用以覆髮的頭巾和髮飾，《三國演義》第一百零三回〈上方谷司馬受困，五丈原諸葛禳星〉中的描繪非常清楚：「孔明乃取巾幗並婦人縞素之服，盛於大盒之內，修書一封，遣人送至魏寨。諸將不敢隱蔽，引來使入見司馬懿。懿對眾啟盒視之，內有巾幗婦人之衣，並書一封。」

古代男女均不剃髮，貴族男子用巾束髮，然後戴上冠冕；庶人則只能戴巾，也稱「幘（ㄗㄜˊ）」或「巾幘」，後來通稱「帽」。

至於幣（幣）、帑等字從巾，那是因為古代中國早期以布、帛為實物貨幣的緣故，本書中「布」、「帛」二字的解說中已有詳述。因此，從巾的「幣」即指用作饋贈或實物貨幣的帛，「帑（ㄊㄤˇ）」則指國庫所藏的金帛。

〈宋劉松年西園雅集卷〉（局部）
明代佚名繪，絹本設色長卷，臺北故宮博物院藏

　　北宋文人雅士經常舉行文會，飲酒、賦詩、談
笑或作畫。後人便將其雅行逸事繪成畫卷，以供紀
念或玩賞。〈西園雅集〉畫的是北宋名士蘇軾、米
芾、黃庭堅等十餘人宴集於駙馬王詵的西園之事。
〈西園雅集〉世傳多個版本，本卷為明代人仿劉松
年筆意之作。畫中主要人物上方均題有名字，全卷
敷彩清麗，鋪陳有序。劉松年，生卒年不詳，南宋
宮廷畫家，以工畫山水、人物而聞名。

　　參加聚會的雅士分了四組，這段畫面是其中一
組：王詵、蔡肇和李之儀圍觀蘇軾寫書法。正在桌
案前揮毫落筆的就是大文豪蘇軾。眾文士頭上皆著
巾帽，蘇軾所戴與別人不同。這種形制的巾帽被後
人稱為「東坡巾」，又名烏角巾，相傳因蘇軾佩戴
而得名。其巾製有四牆，牆外有重牆，比內牆稍窄
小。前後左右各以角相向，戴之則有角，介在兩眉
間。《東坡居士集》有「父老爭看烏角巾」之句。
後世人欲作風流倜儻之態，往往戴一頂「東坡巾」。

❶

❷

# 敝

## 用一根小棍子撕裂布巾

敝帷不棄，為埋馬也；敝蓋不棄，為埋狗也──《禮記》

　　敝，甲骨文字形❶，這是會意字，左邊是「巾」，右邊是一隻手持著一根小棍子，會意為持棍撕裂布巾。甲骨文字形❷，在「巾」的上面又添加了兩點，表示撕裂的布巾的碎片。秦代石刻〈詛楚文〉中的字形為❸，左邊還有碎布條的形狀。小篆字形❹，承前而來。

　　《說文解字》：「敝，帗也。一曰敗衣。」其中，「敗衣」即破敗、破舊的衣服，這個解釋是「敝」的本義。至於解釋成「帗」，通「韍」，「韍（ㄈㄨˊ）」是古時衣裳前面用以遮蓋的飾物，通常以熟皮製成，長至膝蓋，又稱「敝膝」或「蔽膝」，根據不同的身分和等級而有形制、顏色和圖案的區別，比如縕韍（赤黃色的敝膝）、赤韍、綠韍等，用於祭祀或禮服。漢代出現了布製的敝膝，王莽的妻子生活簡樸，「布蔽膝」，以至於被當作婢僕。

　　有人以為敝膝就是圍裙，其實大謬不然。古人有一段話說：「古者田漁而食，因衣其皮，先知蔽前，後知蔽後。後王易之以布帛，而猶存其蔽前者，重古道，不忘本。」這並非是「重古道，不忘本」，而是上古時期遮羞物的遺留而已。敝膝很窄，而且長到可以遮住膝蓋，不像圍裙一樣繫在腰上，而是束到大帶上，做為一種裝飾，同時也是禮儀的要求。

　　圍裙，顧名思義，是圍在腰上，便於工作。司馬相如和卓文君窮困潦倒，在臨邛賣酒的時候，相如親自幹

❸　　　　　❹

活兒，腰間圍的就是一條「犢鼻褌（ㄎㄨㄣ）」，形狀很像牛犢鼻子的圍裙。此乃所謂賤者之服，因此卓文君的父親卓王孫「聞而恥之」。

《禮記・檀弓下》記載了一則孔子的逸事：「仲尼之畜狗死，使子貢埋之，曰：『吾聞之也，敝帷不棄，為埋馬也；敝蓋不棄，為埋狗也。丘也貧，無蓋；於其封也，亦予之席，毋使其首陷焉。』」孔子養的狗死了，他對子貢說：「破舊的帷帳不能扔掉，要用它來埋馬；破舊的車蓋不能扔掉，要用它來埋狗。我很窮，沒有車蓋，埋葬狗的時候，也要用席子把牠裹起來，不能讓牠的頭直接埋在土裡。」

這個故事很有意思，我們對照來看《論語・鄉黨》中的一則記載：「廄焚。子退朝，曰：『傷人乎？』不問馬。」孔子家的馬圈被燒了，孔子退朝回來，問：「有人受傷了嗎？」卻不問馬的受損情況。歷代學者多持「貴人賤畜」之說，比如朱熹就說：「非不愛馬，然恐傷人之意多，故未暇問。蓋貴人賤畜，理當如此。」

孔子只問「傷人乎」，這是因為以人為先，但是當他的狗死了的時候，卻秉承「敝蓋不棄，為埋狗也」的精神，並沒有因為「貴人賤畜」就棄狗的尊嚴於不顧。同理，「敝帷不棄，為埋馬也」，「敝帷不棄」因而成為一個成語，但後人多解釋為破舊之物也自有用處等，卻忽視或掩蓋了後面埋馬的重點。

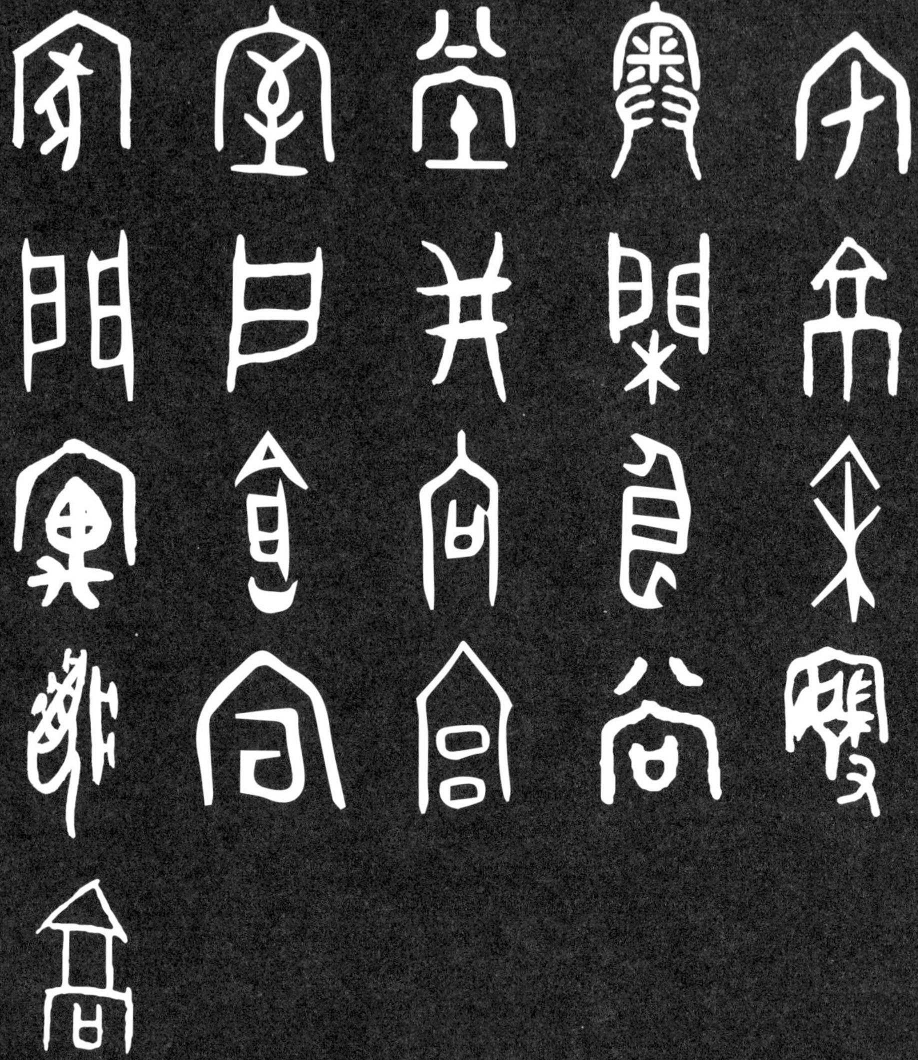

居所篇

屋子裡養了一頭豬

❶

❷

　　我認為「家」這個字是「最中國」的漢字之最，因為這個字隱藏著中國文化的全部奧祕。

　　家，甲骨文字形❶，是一個會意字，上面是「宀」，下面是一頭豬（豕）。「宀」讀作ㄇㄧㄢ，《說文解字》：「交覆深屋也。」明末學者田藝蘅解釋道：「古者穴居野處，未有宮室，先有宀，而後有穴。宀，當象上阜高凸，其下有凹，可藏身之形，故穴字從此。室家宮寧之制，皆因之。」由此可見，「宀」是人類最早的藏身之所，「宀」裡養著一頭豬，豬是中國古人最早馴養的六種動物之一，二者組合在一起就成了「家」這個字。金文字形❷，則「家」的含義更加顯豁：「宀」下面有一頭頭朝下的大肥豬。金文字形❸，豬的樣子有些變形，以至於有人誤以為是狗，但甲骨文中豬是垂尾，狗是翹尾，以此為別。小篆字形❹，我們所用的「家」字就此定型。

　　《說文解字》：「家，居也。」《爾雅・釋宮》對「家」的方位做了更精準的描述：「牖戶之間謂之扆，其內謂之家。」扆（ㄧˇ）是古代宮殿內門和窗之間的地方，從這個地方再往裡走就是「家」。這個描述呼應了《說文解字》關於「宀」的解釋：「交覆深屋也。」家一定是深屋，位於整個宮殿或整棟房屋的最深處，因此「有夫有婦，然後為家」。

　　中國傳統文化往往將家、國並舉，家、國不分，家、

③　　　　　　④

國一體，進而形成民族潛意識，導致個人價值的缺失。孔子在《論語‧季氏》中說：「丘也聞有國有家者。」而「國」和「家」的區別是：「國」指王或諸侯的統治區域，「家」是卿大夫的封地食邑。

《孟子》中說得更清楚：「王曰：何以利吾國？大夫曰：何以利吾家？」「家」既為卿大夫的封地，理所當然地隸屬於「國」，「家」中之人也就理所當然地隸屬於「國」。因此，孟子才會說：「人有恆言，皆曰天下國家，天下之本在國，國之本在家，家之本在身。」《易經》中更如此發揮：「君子安而不忘危，存而不忘亡，治而不忘亂，是以身安而國家可保也。」個人服從於國家，消融於國家，從而使得中國國家至上的價值觀迥異於西方文明中個人至上的價值觀。

「國家」已經成為一個現代概念，但中文有一個全世界獨有的稱謂，就是「家國」一詞。家就是家，國就是國，何來所謂「家國」？「家國」一詞最早出自周公之口，西周立國後，周公曾訓誡群臣：「是人斯乃讒賊媢嫉，以不利於厥家國。」孔子在《禮記‧大學》中將「家國」的概念表述得更清楚：「古之欲明明德於天下者先治其國，欲治其國者先齊其家，欲齊其家者先修其身，欲修其身者先正其心……心正而後身修，身修而後家齊，家齊而後國治，國治而後天下平。」這就是儒家著名的「修齊治平」理論，展現家和國不可分割的關係。

在皇權時代，「家國」就是「家天下」，是皇帝一人的私有財產，唐肅宗曾經對重臣郭子儀說過：「吾之家國，由卿再造。」就是赤裸裸的「家天下」的表述，所謂「普天之下，莫非王土；率土之濱，莫非王臣」，是與現代公民意識背道而馳的。

李公麟（1049~1106），北宋著名畫家，字伯時，號龍眠居士，博學多才，富文辭，工書法，精於鑑賞。凡人物、釋道、鞍馬、山水、花鳥，無所不精，時推為「宋畫中第一人」，白描人物尤為傑出。美國大都會藝術博物館藏〈孝經圖〉卷作於一〇八五年，是現今存世公認的李公麟真跡之一。

　　這段畫面描繪的是《孝經·事君章第十七》：「子曰：君子之事上也，進思盡忠，退思補過，將順其美，匡救其惡，故上下能相親也。」家國不可分，所以「事君」成為最重要的「孝道」。畫面被一道冉冉煙雲分成上下兩部分，上半段是一位士大夫在朝堂上躬身進諫，下半段還是此人，正獨處於私家園林之中閉門「思補過」。對古代文人士大夫來説，出仕與隱退是永恆矛盾的，他們既想經世致用又嚮往隱逸遁世。當然，隱退也不代表可以優游家庭田園，「進亦憂，退亦憂」才符合儒家大道。

〈孝經圖〉（局部）
北宋李公麟繪，絹本水墨長卷，美國大都會藝術博物館藏

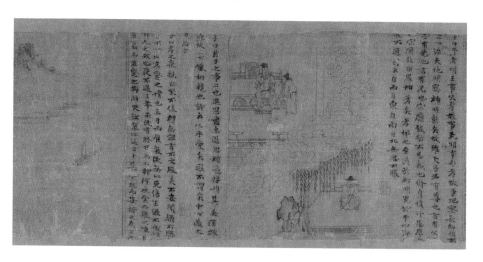

❶　　　　　❷　　　　　❸

一支箭射中內室的地面

由也升堂矣，未入於室也──《論語》

　　有一個人們常用的成語「登堂入室」，比喻學問或技能由淺入深。先登堂後才能入室，「堂」和「室」的前後方位一目了然。

　　室，甲骨文字形❶，這是一個會意字，上面是屋頂，中間是一支箭頭朝下的箭矢，最下面的一橫表示地面。整個字形會意為從外面射來的箭，到了內室的地面就停止了。甲骨文字形❷，箭的尖頭更是栩栩如生。金文字形❸，大同小異。金文字形❹，射來了兩支箭。金文字形❺，地面變成了上下的兩橫。小篆字形❻，自古以來都沒有任何變化。

　　《說文解字》：「室，實也。」什麼叫「實」？段玉裁進一步解釋說：「古者前堂後室。《釋名》曰：『室，實也，人物實滿其中也。』引申之，則凡所居皆曰室。〈釋宮〉曰：『宮謂之室，室謂之宮。』是也。」

　　古人的居處分為三個部分：堂、室、房。最前面是堂，主要功能是祭祀祖先，不能住人。人們常說的幾代同堂，指的就是整個家族共同在「堂」上祭祀祖先。堂的後面是室，是住人的地方。室的兩側是房，就是我們常說的東廂房、西廂房。整棟建築必須建在一個高出地面的臺基之上，所以必定要有臺階，要進入「堂」必定要「升階」，一級一級臺階登上去，所以只能「登堂」才能「入室」。孔子曾評價學生子路（名叫仲由）說：「由

④

⑤

⑥

也升堂矣，未入於室也。」這是形容子路的學問雖然登上了正堂，但是還沒有進入堂後面的內室。

那麼「室」的字形中為什麼用箭矢落地來會意呢？這是因為箭矢是古人日常生活中非常重要的物品，射是六藝之一，射禮又是六禮之一，因此古人就隨手使用身邊常見的物品來造字，即《易經》所謂「近取諸身」。《說文解字》：「至，所止也。」用箭矢落地來會意所止。段玉裁說：「室屋者，人所至而止也。」這就是用箭矢落地來會意的由來。

白川靜先生則另有有趣的解釋，他說：「建造重要的建築物時，先要射箭以選定建築地點。箭到達的地點被選為建築地。」「在此處建築祭祀祖先的祖廟。『室』原指祖廟的屋室。」白川靜先生的觀點有一個有力的文獻支持，那就是夏代的宗廟稱作「世室」。所謂「世室」，意為「世世不毀」的宗廟。

《禮記·曲禮上》記載：「三十曰壯，有室。」三十歲的男子稱「壯」，「有室」即有妻子。《詩經·桃夭》有「之子於歸，宜其室家」的詩句，這是形容女子出嫁，來到夫家後，妻子要居住在「室」裡，因此嫡妻稱「正室」；而後娶的妾要居住在正室兩側的廂房，故稱「偏房」。

更有趣的是，「室」是人一生所居，引申為人死後的永久居住地也稱「室」。《詩經·葛生》是妻子祭奠亡夫的詩篇，在詩篇的最後，妻子吟詠道：「百歲之後，歸於其室。」表達了死後要和丈夫同穴的願望。這裡的「室」就是指亡夫的墓穴。

❶

❷

## 堂

### 土臺上所建的高房

萱草生堂階，遊子行天涯——聶夷中

「堂」這個字牽涉中國古代非常有趣的建築格局。

堂，金文字形❶，這個字形出自河北平山中山王陵，為戰國時期的中山王墓宮堂圖，是一個會意字，上面是「尚」的省寫，下面是「土」。

關於「尚」字，現代學者左民安先生認為中間是屋牆，下面是屋牆上開的窗戶，最上面的兩橫是煙氣上騰的樣子，因此「尚」會意為煙氣從窗戶上升騰而起，引申為「高出」的意思。不過，也有學者認為「尚」字像酒器，表示舉杯致敬之意，引申為崇尚。還有人認為下面像有窗的房屋，上面像分開之形，意為分成兩面的尖斜屋頂，引申為高大。綜合各家看法，「堂」的這個字形會意為土臺上所建的高大建築。

堂，金文字形❷，這是《說文解字》中收錄的籀文寫法，很明顯也是一個會意字，最下面是一堆土，土堆上面是「尚」的省寫，最上面是樓臺重疊的形狀，會意為建在土地上的很高的房屋。小篆字形❸，變成了一個「從土尚聲」的形聲字。

《說文解字》：「堂，殿也。」針對這個解釋，段玉裁批評道：「許以殿釋堂者，以今釋古也。古曰堂，漢以後曰殿。古上下皆稱堂，漢上下皆稱殿，至唐以後，人臣無有稱殿者矣。」意思很明白。簡單來說，「堂」要高於一般房屋，「堂形四方而高」，因此可以引申為盛大或

容貌壯偉的樣子，比如堂堂大國、相貌堂堂、堂皇，等等。

　　古人的每個獨立建築單元（院）內一般分三個部分：堂、室、房。最前面是堂，主要功能是祭獻神靈，祈求豐年，不能住人。

　　在「堂」裡舉行祭祀活動的時候，要在西南角，這是因為古人的房子面南背北，陽光從南邊的窗戶射進來，室內背光處為西南角和東南角。西南角這個方位最為尊貴，有一個專用的稱呼叫「奧」，是黑暗、幽深的意思，因此有「一窺堂奧」一詞。「堂奧」即指堂的深處，也比喻深奧的義理，深遠的意境。

　　「堂」高大軒敞，又是祭祀的重要之地，因此古人就把父母尊稱為「高堂」。「堂」後來引申泛指房屋的正廳。傳統上，一家的主婦，也就是母親要住在東房的北部，房、室相連而沒有北邊的牆壁，因此用「北堂」來指代母親的住處，後來也用來稱呼母親了。

　　萱草是一種草本植物，據說可以使人忘憂，遊子出門遠行的時候，常常要在母親居住的北堂的臺階下種幾株萱草，以免母親惦念遊子，同時讓母親忘記憂愁，因此就將母親的居處稱為「萱堂」。唐代詩人聶夷中有詩：「萱草生堂階，遊子行天涯。慈親倚堂門，不見萱草花。」而「令堂」更是對對方母親的尊稱。

　　古人很注重家庭觀念，常常是數代人住在一起，在同一個「堂」祭祀，因此叫數代同堂，同一個祖父而不同父親的兄弟姊妹因此稱堂兄弟、堂姊妹。

「堂」原指高大的房子，後來文人書齋也往往以堂為名，取其寬大方正之意。梧竹書堂，顧名思義，是一處用於讀書消暑的閒居場所。圖中繪一書齋，建於臺上，臺階兩、三級。梧桐搖曳，綠竹生情，軒敞明瑟。堂內素屏一面，屏前置寬大書桌，桌上散放文房書卷。一士人半坐半臥於黑漆交腿躺椅上，衣衫鬆散，神態逍遙。庭前有青綠山石，一道清溪流過，石邊點綴萱草、玉簪之屬，處處流露著主人高雅隱逸的情趣。

仇英擅長青綠山水與工筆人物。山水畫主宗趙伯駒和南宋「院體」，寫景明快清朗，既注重真實又帶有文人士大夫的理想化。此圖繪建築工致精確而不刻板，設色濃豔鮮麗，又注意色調的統一與柔和，顯得豔而不媚。

〈梧竹書堂圖〉（局部）
明代仇英繪，紙本設色，上海博物館藏

❶

雙手捧著新穀供獻於祭臺

為人子者，居不主奧——《禮記》

　　成語「舉一反三」很有意思。它出自《論語·述而》：「子曰：『不憤不啟，不悱不發，舉一隅不以三隅反，則不復也。』」其中，「悱」指想說而不能恰當說出來的樣子；「隅」指角落。可見，「舉一反三」的「一」和「三」是指房屋的四個角。

　　古代房屋向陽朝南，每個屋子都有四個角，「奧」就是其中一個角的稱謂。「奧」是最有趣的漢字之一，甲骨文中迄今還沒有發現過。小篆字形❶，跟今天使用的字形有著較大的差別。《說文解字》：「奧，宛也。室之西南隅。」段玉裁注解說：「宛、奧雙聲。宛者，委曲也。室之西南隅，宛然深藏室之尊處也。」意思是說「宛」和「奧」的聲母在當時是相同的，又都表示幽深之意。

　　那麼，「奧」的各個組成字元代表什麼意思？為什麼用這個字來指代屋子的西南角呢？

　　白川靜先生在《常用字解》一書中是這樣釋義的：上面的屋頂「形示祭祀之場所的屋宇」；屋頂下面的一撇為爪形，「米」字形為掌紋，一撇加「米」字形表示「獸掌之形」；最下面是雙手，後來訛變為「大」，表示「左右雙手並舉之態」。整個字形會意為「雙手捧獸掌之肉，供獻於室內角落的祭臺」。

　　這一釋義不正確，錯在認為一撇加「米」字形為「獸

掌之形」。其實這兩個字元並非一撇加「米」，從小篆字形中可以清楚地看到，這只是一個字元，乃是「禾」的形象描繪，甲骨文「禾」字就是這樣描畫的。「禾」是穀類植物的統稱，因此，整個字形應該會意為：雙手捧著新穀，供獻於室內西南角的祭臺。

這一祭祀方式稱作「薦新」，「薦」指進獻，「新」指時令所收穫的穀物。《禮記‧王制》中規定：「庶人春薦韭，夏薦麥，秋薦黍，冬薦稻。」「薦新」或者日常祭祀祖先的位置就在「奧」這個西南角。

室內有四角，各有專名，《爾雅‧釋宮》載：「西南隅謂之奧，西北隅謂之屋漏，東北隅謂之宧，東南隅謂之窔。」

「宧（一ˊ）」是養育之意，按照陰陽五行理論，東北方「陽始起，育養萬物」，因此古人進食都在東北角，而廁所則都設在東北角的房屋之外，乃是方便的緣故，如廁稱「登東」，廁有臺階，故稱「登」，今天人們說「上廁所」就是由此而來。廚房則在東邊的廂房或廂房外面的底層，便於傾倒汙水，故廚房稱「廚下」，今天人們說「下廚」、「下館子」就是由此而來。

「窔（一ㄠˋ）」是幽深之意，東南角太陽照射不到，故以為名。

最有趣的就是西北角和西南角。西北角名為「屋漏」，「屋」通「幄」，小帳，「漏」是隱藏的意思，祖先的牌位要放置在西北角，但又不能讓外人看到，於是就用一面小帳子遮擋起來，故稱「屋漏」。

房屋既朝南，門又開在偏東的位置，因此西南角最為幽暗，日常的祭祀就在這裡舉行。從西北角「屋漏」把祖先的牌位移到西南角「奧」，祭祀完畢，再恭敬地移回西北角安置起來。因為西南角最為尊

貴，因此《禮記・曲禮上》中規定：「為人子者，居不主奧。」必須由父母或尊者所居。

　　所有以「奧」字組成的詞彙都由此而來，比如「堂奧」，用室內最幽暗的西南角來比喻含義深奧的意境、事理或學問，比如歷代秘書監所掌管的圖書稱「秘奧」，比如宮廷中機密的地方稱「禁奧」，比如國君又稱「奧主」，等等。

　　《論語・八佾》篇中記載了一則對話：「王孫賈問曰：『與其媚於奧，寧媚於灶，何謂也？』子曰：『不然！獲罪於天，無所禱也。』」衛國大夫王孫賈問道：「與其討好西南角的神主，不如討好灶神，這是什麼意思？」孔子說：「不是這樣的！如果得罪了上天，就無法在任何地方祈禱了！」祭祀時，神主設於「奧」，其尊貴遠超過主管飲食的灶神，因此孔子才反駁王孫賈的說法。

❶　　　　　❷

# 宅

## 蓋新房之前用著草占卜

余其宅茲中國，自茲乂民——何尊

　　華語媒體上宅男、宅女的稱謂，是指坐在家裡足不出戶的青年男女，使用「宅」的住處、居住場所的義項。但這個字剛造出來的時候，卻充滿了神祕色彩。

　　宅，甲骨文字形❶和❷，大同小異，上部是屋頂，看得很清楚，下部這個字元到底表示什麼呢？或者說，「宅」下部的這個構件「乇」為什麼會放在屋頂下面？

　　于省吾先生在《甲骨文字釋林》一書中認為：「乇字的造字本義，只有存以待考。」他不認同許慎在《說文解字》中的釋義：「乇，草葉也。從垂穗，上貫一，下有根。」許慎是根據小篆字形做出的釋義：「乇（ㄓㄜˊ）」的整體被視為草木萌芽鑽出地面之形，中間的一橫表示地面，下面彎曲的部分表示扎在土壤裡的根部。從字形上來看，「乇」確實很像許慎的釋義。

　　那麼問題就來了：草木為什麼要放在屋頂下面呢？我曾經百思不得其解，而且從造字先民的生活環境出發，將之視為逐水草而居的遊牧時期，把帳篷或簡易住房搭建在有水草的地方，以之做為臨時居所。但這個解釋非常牽強。後來讀到白川靜先生的釋義，才恍然大悟。

　　在《常用字解》一書中，白川靜先生這樣解釋說：「形聲，聲符為『乇』。《說文》云：『乇』形示草之莖葉，先端伸直欲攀援住其他東西。不過，觀察『宅』、『亳』、『託』等字的結構可以發現，含字素『乇』諸字均義示

用草葉進行占卜。『託』義示傾聽神靈的指示，『宅』當義為建設房屋時聽取神意的方法。『宀』形示祭祀祖先之靈的廟宇房頂，義指祖廟。甲骨文中有『三帚（婦）宅新寢（廟）』的占卜紀錄。這表示於廟中拜求神託，領受神的旨意。因此，『宅』本義應當為體現神意之處，神靈之物呈現之處。後來，泛指人的居所，有處在、居住、住所、房屋之義。」

　　這一釋義非常具有啟發性。古人最講究的是「國之大事，在祀與戎」，祭祀在古人日常生活中的重要性超出今人的想像，因此在營建新居之前一定會有祭祀儀式。劉熙在《釋名・釋宮室》中說：「宅，擇也，言擇吉處而營之也。」這個「擇吉處」的過程就是祭祀、占卜的過程。《尚書・召誥》記載，周成王準備遷都洛邑，先讓太保召公前往「相宅」，「太保朝至於洛，卜宅，厥既得卜，則經營」，召公卜得吉兆之後，方才開始營建。《禮記・表記》中也有這樣的規定：「卜宅寢室。」這是描述諸侯受天子之封而建國，遷移到封地去的時候，要占卜住宅和寢室的吉凶。「寢室」指宗廟的後殿，甲骨卜辭中「三帚（婦）宅新寢（廟）」也是指同樣的占卜儀式。

　　「宅」下面的這個草葉形的「乇」，就是占卜之「筮（ㄕˋ）」。「筮」的竹字頭指占卜所用的蓍（ㄕ）草，「巫」指占卜之人。蓍草是菊科蓍屬植物，多年生草本，古人傳說蓍草能長到一千年，生三百莖，因壽長故能知吉凶，因此就使用蓍草的莖來占卜。蓍草和龜甲都是占卜的用具。

　　一九六三年，陝西寶雞出土了一尊西周初年的青銅器，是西周宗

室中一位叫何的貴族所鑄，故稱「何尊」。何尊底部有一百二十二字銘文，描述了周成王營建成周（洛陽）之事，其中載周成王的訓誥有「余其宅茲中國，自茲又（一、）民」的句子，意思是說：我將住在這天下的中心，從此治理民眾。這是歷史上第一次出現「中國」一詞，不過僅指以洛陽為中心的中原地區。顯然，這句訓誥是周成王遷都洛邑（即洛陽）之後所作，「宅」已經引申為居住之意了，這也就是《說文解字》的釋義：「宅，所托也。」所以寄託、托居之處。

　　有趣的是，「卜宅」同時也指占卜墓穴。《禮記・雜記》中記載：「大夫卜宅與葬日。」孔穎達注解說：「宅謂葬地。大夫尊，故得卜宅並葬日。」託名孔子所作的《孝經・喪親》篇中寫道：「卜其宅兆，而安措之。」唐玄宗注解說：「宅，墓穴也；兆，塋域也。葬事大，故卜之。」這是指安葬父母之前，要先占卜墓穴的吉凶。「宅」和「兆」並舉，雖然都是指墓穴，但仍然存有占卜吉凶之兆的本義。

①　　②　　③

兩扇才能稱「門」

秋祭門，門以閉藏自固也——班固

　　人們常常說「門戶之見」，比喻因派別不同而產生的偏見。那麼，「門」和「戶」有什麼區別呢？

　　門，甲骨文字形❶，這是一個很明顯的象形字，就像兩扇門的形狀，其中的一半就是「戶」。《說文解字》：「門，聞也。從二戶，象形。」段玉裁解釋說：「聞者，謂外可聞於內，內可聞於外也。」甲骨文字形❷，大同小異，而更加美觀。甲骨文字形❸，兩扇門之間用一根橫木閂了起來。甲骨文字形❹，這個「門」字最為有趣，上面有一根嵌入門樞的橫木。這個字形讓我們想起《詩經·衡門》中的詩句：「衡門之下，可以棲遲。」其中「衡門」即「橫門」，顏師古注《漢書》：「衡門，謂橫一木於門上，貧者之所居也。」賢明之士可以遊玩與休憩於簡陋的衡門之內，安居若素。「衡門」因此成為隱士所居之地的代稱。

　　門，金文字形❺，兩「戶」之形栩栩如生。金文字形❻，上面的兩短橫表示門的上框。小篆字形❼，下面拉長，但還像門的形狀。

　　南朝學者顧野王所著《玉篇》釋義：「門，人所出入也。在堂房曰戶，在區域曰門。」所謂「區域」是指整個住宅所在的範圍，所謂「堂房」是指住宅內的房舍，也就是說，整個住宅外面的叫「門」，住宅內房舍的門叫「戶」。還有一種說法是：「一扇曰戶，兩扇曰門。」

④　　　⑤　　　⑥　　　⑦

這跟「門」和「戶」的字形完全一致。

　　根據《禮記・月令》的記載,天子之宮室設九門,鄭玄解釋說:「天子九門者,路門也,應門也,雉門也,庫門也,臯門也,城門也,近郊門也,遠郊門也,關門也。」這是按照由近及遠的順序排列的。

　　有趣的是,中國古代的「五祀」制度中還有「祀門」的祭祀儀式。所謂「五祀」,根據《禮記・月令》的記載,乃是住宅內外的五種神。東漢學者班固在《白虎通義》中解釋說:「五祀者,何謂也?謂門、戶、井、灶、中霤也。所以祭何?人之所處出入、所飲食,故為神而祭之。」

　　班固接著解釋「五祀」的季節:「春即祭戶,戶者,人所出入,亦春萬物始觸戶而出也;夏祭灶者,火之主人,所以自養也,夏亦火王,長養萬物;秋祭門,門以閉藏自固也,秋亦萬物成熟,內備自守也;冬祭井,井者,水之生藏任地中,冬亦水王,萬物伏藏;六月祭中霤,中霤者,象土在中央也,六月亦土王也。」

　　「中霤(ㄌㄧㄡˋ)」即中室,古人認為室中央乃土神所居之地。清代學者夏炘所著的《學禮管釋》一書中則認為:「窗即中霤,古者復穴當中開孔取明,謂中霤,後世以交木為之謂之窗。」

　　除此之外,「五祀」所用的犧牲還不一樣,一種說法是:「祭五祀,天子、諸侯以牛,卿、大夫以羊。」一種說法是:「戶以羊,灶以雞,中霤以豚,門以犬,井以豕。」

〈歸去來辭書畫卷〉（局部）
南宋佚名繪，絹本設色長卷，美國波士頓藝術博物館藏

　　陶淵明（約365~427），字元亮，又名潛，世稱靖節
先生，潯陽柴桑（今江西九江）人。東晉末至南朝劉宋初
期偉大的詩人、辭賦家。他曾出仕為彭澤縣令，因不願為
五斗米折腰，八十多天便棄職而去，從此歸隱田園，並賦
〈歸去來兮辭〉，以明心志。〈歸去來辭書畫卷〉便是據此
而繪，卷首是陶淵明像，後一圖一文依次描繪了他辭官歸
隱後的生活情趣與內心感受。

　　這是畫卷第一段，描繪了詩人乘船歸家的場面。畫卷完全依照賦文內容而作：「舟遙遙以輕颺，風飄飄而吹衣。問征夫以前路，恨晨光之熹微。乃瞻衡宇，載欣載奔。僮僕歡迎，稚子候門。三徑就荒，松菊猶存。」陶淵明在舟上，衣袂飄飄，眼看要到岸，更加歸鄉情切。岸上是歡天喜地來迎接他的家人僮僕。門口稚子迎候，門內女眷邊整理儀容邊向外急走。畫面充滿喜悅，小狗也歡跳不已。回家心切之人望見家門那一刻，的確要「載欣載奔」，何況稚子正在候門呢。

❶　　　　　　❷

# 「門」的半扇才能稱「戶」

穹窒熏鼠，塞向墐戶——《詩經》

　　今天人們的日常俗語中還在使用「門戶」一詞，但多用作比喻義，比如門戶之見、自立門戶等。但古人造字，「門」和「戶」有著嚴格的區別，而且牽涉到古代房屋的形制，非常有趣。

　　戶，甲骨文字形❶，可以看得很清楚，這是一個象形字，正如《說文解字》的釋義；「戶，護也。半門曰戶。」也就是說，「戶」指半扇門，那麼「門」即指兩扇門。這就是「門」和「戶」的區別所在。小篆字形❷，跟今天所使用的「戶」幾乎一模一樣。

　　清代文字學家王筠在《說文解字句讀》中更詳細地釐清二者的區別：「古之房屋皆用戶，廟門大門始用門。」古人住宅內部分為堂、室、房，最前面是堂，祭祀祖先、舉行各種禮儀活動之處，不住人；堂的後面是室，住人之處；室的東西兩側稱「房」，也就是常說的東西廂房。堂建在高出地面的臺基之上，堂前有臺階，因此稱「登堂」；「登堂」而後才能「入室」，「登堂入室」的成語即由此而來。

　　室和房都有「戶」，也就是半扇門；進入住宅的大門處才叫「門」，也就是合在一起的兩扇門。

　　白川靜先生則對「戶」有獨到的見解，在《常用字解》一書中，他寫道：「象形，單扇門之形。祭神的神龕的門扉之形。雙扇門稱『門』。『戶』、『門』為區分內

外的神聖所在，甲骨文中有祭祀『三戶』、『三門』之例。伸手打開放有『口』（一種置有向神禱告的禱詞的祝咒之器）的神龕之門扉，謂『啟』。獲知神的啟示，亦謂『啟』。開始領受神之啟示，謂『肇（開始）』。家家各有自家的神聖所在，因此『戶』由門扉之義引申出家庭、家戶之義。」（編註：啓、啟為異體字，現今多用後者。）

　　這一大段解釋雖然新穎，卻顛倒了次序，因為就日常生活的常理而言，一定會先把室和房的出口命名為「戶」，因為這是最切近自身、與自己的日常生活最息息相關的設備，然後再引申而用於神龕之類，怎麼可能反其道而行之呢？

　　就「室」而言，「戶」要建在南面偏東的位置；南面偏西相應的位置則要開一個窗，這個窗稱「牖（一ㄡˇ）」；北牆上也要開一個窗，稱「向」，也可以叫「北牖」。《詩經‧國風‧七月》中有一句詩「穹窒熏鼠，塞向墐戶」，「墐（ㄐㄧㄣˋ）」指用泥塗塞。這句詩的意思是：把屋裡的洞都堵起來，用煙熏老鼠；把朝北的窗（向）和葦草編的半扇門（戶）都用泥塗抹以避風。這是形容窮人準備過冬的悲苦景象。

　　《論語‧雍也》篇中說：「伯牛有疾，子問之，自牖執其手。」冉耕字伯牛，是孔子的學生。冉耕患病，孔子去看望他，從南牖的窗外握著他的手。古時候，病人臥床，通常要在北牖之下，死後才遷到南牖之下，即鄭玄所說：「疾時處北墉下，死而遷之當牖下。」此處「當牖」即南牖。這是為了方便「沐浴而飯含」的緣故。「飯含」是喪禮之一，用珠、玉、貝、米等物納於死者之口，這就是所謂「飯於牖下」。冉耕既然臥於南牖之下，一定是處於垂危狀態，馬上就要嚥氣了。

「戶」還有一個極其奇特的義項，指酒量，稱「酒戶」，「大戶」則指酒量大，「小戶」即指酒量小。此為唐人習語，全唐詩中屢見，比如元稹的〈春遊〉：「酒戶年年減，山行漸漸難。」白居易的〈久不見韓侍郎，戲題四韻以寄之〉：「戶大嫌甜酒，才高笑小詩。」杜荀鶴的〈雪中別詩友〉：「酒寒無小戶，請滿酌行杯。」顯然，這一義項乃是從「戶」的大小引申而來，就像大戶人家、小戶人家的稱謂一樣，從而成為唐人的戲謔用語。

❶

❷

一口水井的樣子

秋野田疇盛‧朝光市井喧——王維

　　「井」字在這幾千年來都沒有任何變化，甲骨文字形❶，這是一個象形字，完全是一口水井的樣子。金文字形❷，從上往下的俯視圖。金文字形❸，井裡面添加了一點，表示井裡有水。徐中舒先生認為，這一點代表汲水之器，以區別於捕獵所用的陷阱之「阱」。小篆字形❹，一脈相承。楷體字形則返回到最初的甲骨文字形。

　　《說文解字》：「井，八家一井，象構韓形。罋之象也。古者伯益初作井。」其中，「韓」是井上的木欄，「罋（ㄨㄥˋ）」是汲水之器。孔穎達解釋道：「古者穿地取水，以瓶引汲，謂之為井。」

　　許慎所說的「八家一井」，來自於井田制。井田制是西周時期盛行的土地制度，以方圓九百畝為一個單位，劃為九區，形狀就如同一個「井」字，八家共一「井」，最中間是八十畝公田，八家各一百畝私田，剩下的二十畝，各家占二畝半用來蓋房子居住。按照規定，八家要共同供養公田，只有把公田裡的工作先做完了，才能做私田裡的工作。有很多帶「井」字的成語都跟井田制有關，比如「井井有條」、「井然有序」、「背井離鄉」等，其中的「井」都是指井田制的「井」，而不是水井。王維有詩：「秋野田疇盛，朝光市井喧。」其中「市井」一詞，是指人們的交換發生在井田的範疇之內。

　　這是「市井」稱謂的第一種說法，還有一種說法是：

145

❸    ❹

傳說井是帝舜時期的大臣伯益發明的，「市」是市場。根據各種古籍記載，上古神農氏發明了市場：「日中為市，致天下之民，聚天下之貨，交易而退，各得其所。」在遠古時期，「井」和「市」都是非常重要的發明，有了「井」才會方便吃水，有了「市」才可以交換貨物，因此很快地「市」和「井」就成了城市裡最重要的標記物。這就產生了「市井」詞源的另一種說法：「因井為市。」井是人們打水時的相聚之處，人們利用相聚的機會進行交換，發展為「市」，故稱「市井」。

最好玩的說法出自東漢學者應劭的《風俗通》：「市井，謂至市者當於井上洗濯其物香潔，及自嚴飾，乃到市也。」

這幾種說法在歷代都有許多爭論，尤其是第二種說法，反對的聲音更大。比如根據《國語・齊語》的記載，管仲對「四民」的安排是：士和工、商都住在「國」中，即城市裡；農民住在城市外的田野。《儀禮・士相見禮》規定：凡是對國君說話，在城市裡有住房的人，要自稱「市井之臣」；住在城市以外的田野的人，要自稱「草茅之臣」。《孟子・萬章下》也說：「在國曰市井之臣，在野曰草莽之臣，皆謂庶人。」可見，「市井」僅限於城市內部的稱謂。《史記・律書》聲稱漢文帝時天下太平，「自年六七十翁亦未嘗至市井」，所指的「市井」當然就是城市中的市場了。

井田制的「井」劃分得非常規整，因此「井」引申為「條理」、「法度」，荀子說「井井兮其有理也」，就是這個意思。有趣的是，井上的欄杆也叫作「牀」（俗字為「床」），《樂府詩集・淮南王》：「後園鑿井銀作牀，金瓶素綆汲寒漿。」其中「素綆（《乙ˇ）」是汲水桶上的繩索。

## 進門時的柵欄

❶

❷

人閑桂花落・夜靜春山空——王維

　　閑，金文字形❶，這是一個會意字。《說文解字》：「閑，闌也，從門中有木。」門中有木就是柵欄，這是「閑」字的本義。小篆字形❷，與金文很像。柵欄是用來防範陌生人的，因此「閑」引申為防範、戒備的意思。《易經》中說：「閑有家。」是指家中預先做好防範措施的意思。後來，由柵欄的意思又引申出馬廄之意，《周禮・夏官》：「天子十有二閑，馬六種。」這是說天子有十二座馬廄，有六種馬。從馬廄又引申出範圍、倫理道德的界限之意，《論語・子張》：「大德不踰閑，小德出入可也。」意思是說，大節不能越過界限，小節有些出入也可以。

　　「閑」當作空閑解釋，跟另外一個字「間」大有關係。不過，上古的時候沒有「間」字，「間」是後起的字，最初寫作「閒」，金文字形❸（見150頁），也是一個會意字，上部是一彎明月，月下是兩扇門，會意為從門的縫隙處可以望見月亮。小篆字形❹（見150頁）。《說文解字》：「閒，隙也，從門從月。」夜裡睡覺關上門，但月光還是可以從門縫透進來。段玉裁注：「門開而月入，門有縫而月光可入。」因此，「閒」的本義就是空際，當作這個義項的時候讀作四聲ㄐㄧㄢˋ。《史記・管晏列傳》：「妻從門閒而窺其夫。」這是說妻子從門縫裡窺探她的丈夫。

　　「見立」是江戶時期日本浮世繪畫家廣泛採用的一種構圖方式，即參照前人的畫意或圖式來進行新的創造，畫中人物及構圖「戲擬」、模仿前人的經典作品。鈴木春信是「見立繪」的代表繪師。這幅「見立繪」作品模仿的是《源氏物語》中「夕顏」一帖的畫面。

　　夕顏是光源氏的情人之一，文中以夕顏花來形容她，因此得名。夕顏恰巧住在源氏乳母家的隔壁，源氏某次經過，偶然看見了她。夕顏清秀且天真無邪的樣子令他一見鍾情，兩人遂在夜裡時常密會往來。這幅畫描繪的似是二人相遇時的情景。鈴木春信極擅長畫嬌弱天真的女子。畫中，夕顏持扇，嬌怯怯悄立門口。身後簡陋的竹編障和柵欄門上盛開著潔白的夕顏花。

　　夕顏花又稱葫蘆花，色白，黃昏盛開，翌朝凋謝。夕顏花悄然含英，又黯然零落，暗喻突然香消玉殞的薄命女子。夕顏便是這樣的薄命女，她因驚懼驟然殞命時，年僅十九歲。

❸　　　　　　　　❹

　　「閒」既為空隙之意，有縫隙就可以使用反間計挑撥離間，因此「閒」可引申出離間、間諜的意思。《孫子兵法》中把間諜分為「五閒」：因閒（敵國的鄉民）、內閒（敵國的官員）、反閒（本來是敵國的間諜，為我所用）、死閒（向敵方提供假情報，事發後被敵方處死的人）、生閒（完成任務後活著返回的人）。

　　後來造出「間」字以後，人們開始把「閒」和「間」加以區別：讀作二聲ㄒㄧㄢˊ的時候寫成「閒」，讀作一聲ㄐㄧㄢ和四聲ㄐㄧㄢˋ的時候寫成「間」。有意思的是，「閒」字裡面的「夜月」變成了「間」字裡面的「白日」，這是漢字漫長演變過程中非常有趣的現象。

　　「閒」和「閑」在古時候是通用的，因為「閒」的本義是空隙，因此引申為有空、空閒的意思。這兩個字在此意義上開始成為通假字，比如王維的名句「人閑桂花落」，本來應該寫作「人閒桂花落」。

　　「閑」還可以跟「嫻」通假，是嫻靜、嫻雅的意思。曹植〈美女篇〉：「美女妖且閑，採桑歧路間。柔條紛冉冉，落葉何翩翩。」這裡的「閑」就通「嫻」。

❶ ❷

# 京

## 高高土堆上的瞭望塔

殷士膚敏，裸將於京——《詩經》

「京」在現代漢語裡的義項，就是指京城、京都，除此之外再無他意。為什麼「京」會具備這個義項呢？我們從這個字的演變看起吧。

京，甲骨文字形❶，這是一個象形字，下面是堆得高高的一個土堆，上面加了一個頂，這個頂可以視為瞭望塔，有人在上面守衛，用以遠望敵情。也有學者認為像一個拱形的城門。徐中舒先生則認為「象人為穴居形」，下面是疊起的土堆，中間是階梯，上面是屋頂，下面的一豎是支撐的立木。甲骨文字形❷，下面土堆的模樣更加具象。金文字形❸，頂的下面添加了兩橫，像是窗戶。金文字形❹，更像一個高高聳起的瞭望塔。小篆字形❺，下面土堆的樣子看不出來了，但頂還在。楷體字形的下面變成了「小」字，跟土堆毫無關係了。

《說文解字》：「京，人所為絕高丘也。」使用人力建起來的絕高之丘。《爾雅》：「絕高為之京，非人為之丘。」這是說，京不是用人力所建，而是自然所為。《廣雅》：「四起曰京。」這是說四面聳立起來的土堆叫「京」。綜上所述，「京」的本義就是很高的土堆，從絕高引申出「大」的義項。揚雄的《方言》：「京，大也。燕之北鄙，齊楚之郊，或曰京。」《公羊傳》解釋「京師」一詞為：「京師者何？天子之居也。京者何？大也。師者何？眾也。天子之居，必以眾大之辭言之。」這就是「京師」一詞

❸ ❹ ❺

的來歷。同樣,「京城」一詞的本義也就是大城,「京都」也就是大都。
天子所居,當然是天下最大之城,因而把一國的首都稱作京師、京城、
京都。

　　《詩經‧文王》中有這樣的詩句:「殷士膚敏,祼將於京。」其中,
「殷士」指殷商的臣屬;「膚敏」的意思是優美敏捷;「祼(ㄍㄨㄢˋ)」可
不是裸體的「裸」字,古代凡是「示」字旁的字都跟祭祀有關,祼是
一種祭禮,以酒灌地請神叫「祼」,舉行祼的祭禮叫「祼將」。這句詩
的意思是:周代商之後,殷商諸士都很勤勉,在周的京城裡協助舉行
祼將的祭禮。周的京城叫鎬京。

　　「京」還引申為數目字使用。「千」以前的數字很小,使用起來很
方便,但是「千」以後的數字,古時候怎麼表示呢?依次而為萬、億、
兆、京、垓。十億為兆,十兆為京,十京為垓。因此,「京垓」一詞就
指億萬年的悠長歲月。由此我們也可以理解,為什麼京師所在地稱作
「京兆」,「兆」和「京」都是巨大的數字,極其誇張地形容京師地廣人
多。管轄京兆(京都)地區的行政長官順理成章地稱作「京兆尹」。

　　古代戰爭中有一個慣例,戰勝者為了炫耀,會把敵人的屍體收集
起來,築成一座高高的墳堆,這種墳堆稱作「京觀」。春秋時期,晉、
楚著名的邲(ㄅㄧˋ)之戰中,楚將潘黨勸楚王說:「君盍築武軍而收晉
屍以為京觀?」西晉學者杜預解釋道:「積屍封土其上,謂之京觀。」
「觀(ㄍㄨㄢˋ)」的形制和「闕」相同,都是指高臺上的瞭望塔。建立一
座高高的京觀,對敵人士氣的羞辱和打擊可想而知,對己方士氣的激
勵也可想而知。

❶　　　　❷

# 寓

## 把獼猴帶進房子裡取樂

諸侯不臣寓公——《禮記》

　　想要弄清楚「寓」這個字的本義，必須先從「禺」字入手，因為「禺」是「寓」這個字最重要的組成字元。

　　「禺」是一個非常有意思，同時爭議頗多的漢字，金文字形❶，這是一個象形字，至於像什麼東西，需要細細分說。先來看許慎在《說文解字》中的解釋：「禺，母猴屬，頭似鬼。」有學者指責許慎將「禺」僅僅解釋為母猴是錯的，其實這種猴類的「禺」就是獼猴，楚人稱作沐猴，「沐猴而冠」這個成語就是諷刺楚人項羽像一隻戴帽子的獼猴，看起來像人，其實還是一隻猴子。許慎所說的「母猴」是沐猴、獼猴的聲轉。

　　東晉學者郭璞說：「禺似獼猴而長，赤目長尾。」看來「禺」就是大獼猴。靈長類的動物類似人，比如狒狒、猩猩和猴子，因此，在「禺」字的金文字形❶中，上半部就用鬼頭來代表，甲骨文的「鬼」字，下面是一個朝左邊跪著的人，頭上頂著一個大大的怪異的腦袋。在古人的想像中，原始的鬼不過就是一個大頭人，頭大如斗，以至於壓得人站不起身。《說文解字》：「人所歸為鬼。」即使是類似人的動物，也不能用人的頭部來代表，因此就用似人的鬼頭來代表。

　　這顆鬼頭還拖著一條長長的尾巴，這也是區別於人的重要特徵。這個字形的下半部分，有人說是手叉住蛇，泛指動物。但此說不正確，它應該是一種稱作「三

**❸**

**❹**

隅矛」的矛，尖端帶有三個矛尖。捕捉「禺」時，借助三隅矛才能捉住，因此「禺」的金文字形就是一隻被三隅矛捉住的大獼猴的樣子。

寓，金文字形❷，這隻「禺」被帶到屋子裡面，顯然是用來取悅主人。「寓」的造字思維跟「偶」一樣，「偶」是模仿「禺」的樣子造成的木偶，用來取樂。如此一來，「寓」就是一個會意字，會意為使用獼猴等動物來取樂的場所，「禺」同時兼作聲符。許慎在《說文解字》中將「寓」解釋為「寄也」，這是引申義，由「禺」在屋子裡短暫地供人取樂，引申出寄居、寄住、寄託之意，比如「寓言」就是用假託的故事來說明自己的觀點。「寓」還有一個義項：「觀看」，正是由其本義而來，比如「寓賞」即為觀賞，「寓視」即為注視，想想人們在屋子裡注視及觀賞獼猴的各種作態，多麼具象！

山西侯馬晉國遺址出土了春秋晚期的「侯馬盟書」，「寓」字在其中的字形為❸，上面是「穴」，下面的「禺」更突出了三隅矛的樣子。小篆字形❹則與現今的「寓」相近。

大概很多人都以為「寓公」乃是近代名詞，其實不然，這個稱謂早在先秦時期就已經出現了。《禮記・郊特牲》中記載：「諸侯不臣寓公，故古者寓公不繼世。」鄭玄解釋說：「寓，寄也。寄公之子，非賢者，世不足尊也。」孔穎達進一步解釋說：「寄公者何也？失地之君也。或天子削地，或被諸侯所逐，皆為失地也。諸侯不臣者，不敢以寄公為臣也。」因此，「寓公」是指失地後寄居他國的貴族，引申為凡是流亡寄居他國的官僚和士紳都稱為「寓公」。所以，不能將住在公寓裡的人都叫作「寓公」啊！

①

# 倉

## 有鎖有小門的穀倉

根據《禮記‧月令》的記載，季春之月，也就是春季的最後一個月，「天子布德行惠，命有司發倉廩，賜貧窮，振乏絕」。孔穎達引用東漢學者蔡邕的解釋說：「谷藏曰倉，米藏曰廩。」收藏穀物的稱「倉」，收藏米的稱「廩」。管子有句名言是：「倉廩實則知禮節，衣食足則知榮辱。」可見倉廩在古人日常生活中的重要地位。

倉，甲骨文字形 ①，這是一個象形字，上面是穀倉的房頂，中間是進出的門，下面的口形，有人認為即是穀倉的主體部分。

針對這個字形，白川靜先生說：「上有擋雨的倉頂，下有避免接觸地面的支腳，中間部分放置裝袋的穀物。這屬於高床式的穀倉。」左民安先生則說：「其上是倉的屋頂，中心是糧倉的一扇門，下部是倉的基石，這種一扇門的倉在山東膠東一帶是常見到的。」

以上各種釋義略有差異。不過，我更認同張舜徽先生的解釋。他根據湖湘之間木造的藏穀之倉的形制，認為上面像頂蓋，頂蓋下面的一橫「則扃鐍處也」，「扃鐍（ㄐㄩㄥ ㄐㄩㄝˊ）」即門閂鎖鑰，「中像木板疊置可開閉者」，下面的口形，「像小木門可出穀者」，並認為「蓋古之遺制也」。就「倉」的象形而言，這是更細緻的解說，非常有說服力。

倉，金文字形 ② 和 ③，中間部分略有變形，不大看

❷　　　　　　　❸　　　　　　　　　❹

得出倉門的形狀了。小篆字形❹，倉門部分，左筆下伸，右筆上縮，
倉門的形狀盡失。

　　《說文解字》：「倉，谷藏也。倉黃取而藏之，故謂之倉。」何謂「倉
黃」？南唐學者徐鍇說：「穀熟，色蒼黃也。」中國民間有「搶收」、「搶
秋」的俗語，莊稼色呈蒼黃，成熟之時要搶時間突擊收割，然後收到
穀倉裡去。倉黃、蒼黃、倉皇、倉惶等詞，之所以有匆忙急迫之意，
即由此而來；強奪財物之所以叫「搶」，也是由搶收入倉引申而來。

　　季秋之月是秋季的最後一個月，根據《禮記・月令》的記載，這
個月要「會天地之藏」，將五穀收入倉中，開始準備過冬了。「乃命塚
宰，農事備收，舉五穀之要，藏帝藉之收於神倉，祗敬必飭。」其中，
「塚宰」乃六卿之首；「帝藉」指天子借民力耕作的農田，常有千畝之
數。每年春天，天子為爭取收穫以祭祀祖先，會選擇吉日舉行象徵性
的儀式，親自操作農具耕地，以勸導百姓耕作；「祗（ㄓ）敬必飭
（ㄔˋ）」，恭敬又恭敬。神倉，鄭玄解釋說：「藏祭祀之穀為神倉。」這
段話的意思是：在季秋之月，塚宰負責結束農事，將天子親耕之田裡
的五穀收藏到神倉裡去，以便用來恭敬地祭祀神靈。

　　即便是各種倉庫，古人分類之細也令今人歎為觀止。圓形的穀倉
叫「囷（ㄐㄩㄣ）」，方形的穀倉才叫「倉」。儲藏兵器和兵車的叫「庫」，
所謂「刀槍入庫」，乃武功；收藏文書的叫「府」，所謂「胸有城府」，
屬文事。古時每逢饑荒或戰亂，饑民甚至挖掘鼠穴取糧，稱之為「劫
鼠倉」，因此從隋代開始，州縣平時都要儲存專用的糧食，以備荒年，
這樣的糧倉稱作「義倉」，救濟了無數的百姓，確實不負「義」的美名。

南宋紹興年間，於潛縣令樓璹（ㄕㄨˊ）深感農夫、蠶婦之辛苦，繪製《耕織圖》二卷（〈耕作圖〉一卷，〈蠶織圖〉一卷）呈獻給宋高宗，深得高宗讚賞，並宣示後宮，一時朝野傳誦。之後，歷朝歷代接連不斷地出現了許多《耕織圖》，歷經近千年流傳到世界各地，形成了中國繪畫史、科技史、農業史、藝術史中一個獨特的現象。

《耕織圖》詩畫相配，有系統地描繪了糧食生產從浸種到入倉、蠶桑生產從浴蠶到剪帛的具體過程，細緻入微又富於藝術感染力，充滿田園氣息，被譽為有韻之農書。這幅是《耕作圖》中的〈入倉〉，詩曰：「天寒牛在牢，歲暮粟入庾。田父有餘樂，炙背臥簷廡。卻愁催賦租，胥吏來旁午。輸官王事了，索飯兒叫怒。」畫面上，一個持棒而立的胥吏，正在指揮監督農人將糧食納入穀倉。倉門封以板條，板條上標有數字序號。顯然這是一個豐年，倉廩充實，稻米流脂，而農夫的豐收之樂卻被胥吏催租的恐懼沖淡了。

# 向

## 開在北牆上的窗戶

①

②

「向」這個字，今天只當作方向講，它為什麼會具備這個義項呢？我們來看看字義演變的有趣過程。

向，甲骨文字形❶，這是一個象形字，上面是屋頂和兩邊的牆壁，下面的口形代表窗戶，整個字形會意為在房屋的牆上所開的窗戶。甲骨文字形❷，房屋的尖頂和兩側牆壁的樣子更加栩栩如生。金文字形❸，更美觀。金文字形❹，裡面的口形更像窗戶的形狀。小篆字形❺，這個字形從古至今都沒有任何變化。

《說文解字》：「向，北出牖也。」什麼叫「北出牖」？《說文解字》：「牖，穿壁以木為交窗也。」段玉裁解釋說：「交窗者，以木橫直為之，即今之窗也。在牆曰牖，在屋曰窗。」這是說：「牖（一ㄡˇ）」是開在牆上的窗，「窗」是開在屋頂的天窗。段玉裁又說：「古者室必有戶有牖，牖東戶西，皆南向。」古時房屋坐北朝南，門在西，牖在東，當然也都朝南，便於陽光照射進來。所謂「北出牖」，即在房屋的北牆上所開的窗。

清代學者朱駿聲說：「古宮室北墉無戶牖，民間或有之，命之曰向。」北墉即北牆，北邊不進陽光，因而不設門窗。張舜徽先生則解釋得更清楚：「古者民居及宮室皆南向，故戶牖悉南。其有北出者，別造向字以名之。至冬，則寒窒以避北風。」《詩經・七月》篇中有「穹窒熏鼠，塞向墐戶」的詩句，這是形容冬天要來了，趕

❸ ❹ ❺

緊把牆洞給全部堵上，以便熏老鼠。「墐（ㄐㄧㄣˋ）」，用泥土塗塞。把北窗塞好，把門的縫隙用泥塗上，準備過冬了。

　　白川靜先生則認為，「向」字下面的口形是「一種置有向神禱告的禱詞的祝咒之器」，「中國北方的黃土地帶有很多半地下式的住居，住室只有一個窗戶。經窗戶射入室內的光線被看作是神靈的來訪」，因此，將此祝咒之器供奉在窗下以祭神，那麼「向」字「原指迎神祭神之窗」。此說雖然新鮮，但是「經窗戶射入室內的光線」一定是指南窗，而南窗已有了專用名「牖」，因此「向」不可能指南窗。

　　「向」這個字身上又出現了漢語中一個有趣的現象：反義同字或反義同詞。即一個字或一個詞，既可表示正面意義，又可表示反面意義。「向」由北窗的本義引申為朝向，而朝向既可朝前也可朝後，因此「向」既可表示將來，也可表示過去，既可表示面對，也可表示剛剛過去的剛才。

　　「向」字最有趣的用法體現在內向、外向這兩個詞中。今天形容一個人感情不外露叫「內向」，感情外露則叫「外向」，可是在古代卻完全不是這個意思。班固在《白虎通義》一書中寫道：「以男生內向，有留家之義；女生外向，有從夫之義。」這是說男人心向著家，故稱「內向」；女人則要出嫁從夫，故稱「外向」。這也就是古時將女人出嫁稱作「歸」的原因所在。

# 良

## 宮殿中供出入的廊廡

❶

❷

❸

「良」這個字，今天使用最多的義項是善良、良好，但是我們看這個字的字形，很難把它跟善良的意思聯繫起來。即使回到漢字定型的小篆字形❸，也看不出它跟善良有什麼關係。許慎認為這個小篆字形「從富省，亡聲」，富（ㄈㄨˊ）是滿的意思，也就是，「良」字小篆字形的上部是「富」的省寫，實屬望文生義。實際上，「良」這個字非常有趣，與古代宮殿的建築樣式密切相關。

良，甲骨文字形❶，這是一個象形字，徐中舒先生認為「像穴居之兩側有孔或臺階上出之形，當為廊之本字」。中間的方塊「表穴居」，上下的曲線「為側出的孔道」。他接著解釋：「廊為堂下周屋，今稱堂邊屋簷下四周為走廊，其地位恰與穴居側出之孔道（嚴廊）相當。良為穴居四周之嚴廊，也是穴居最高處，故從良之字，有明朗高爽之義。」

這段話中的「嚴廊」又稱「岩廊」，是指高聳的廊廡。廊廡是堂前的廊屋，即所謂「堂下周屋」，走廊都有頂，故稱「屋」。徐中舒先生認為中間的方塊「表穴居」，但是「上古穴居而野處」，穴居之處只需有一條通道即可，為何非得建兩條通道呢？此外，很難想像普通人家能夠建得起「嚴廊」，而且「嚴廊」既然高聳，同樣很難想像可以建在穴居之處。

綜上所述，我認為這種釋義不準確。

❹        ❺        ❻

　　二〇〇一年夏，殷墟所在的河南省安陽市洹北商城遺址內，發現了一座迄今為止最大規模的商代宮殿遺址，定名為「一號基址」。據考古報告透露，正殿南部為門塾（門兩側的堂）和廊廡，門塾居中，兩側是廊廡，通向正殿前的庭院。此外，正殿的西部還有一段二十多公尺的雙面廊，以一條通向後部的通道與正殿隔開。這座宮殿的建築樣式幾乎就是「良」字甲骨文字形的具象寫照：中間是宮殿，上下的曲線是宮殿前後供出入的廊廡。

　　良，甲骨文字形❷，上下的廊廡非常符合「嚴廊」的特徵：高聳，有屋頂。金文字形❸，大同小異。金文字形❹，突出彎曲的廊廡之形，下部的廊廡還有臺階。金文字形❺，上下的廊廡都有臺階。

　　清代學者徐灝認為「良」是食器的形狀，「其本義蓋亦謂烹飪之善，引申而為凡善之稱也」。這種解釋乃是根據金文字形❺而來，卻無法用來解釋甲骨文和其他金文字形。近代學者高鴻縉先生在《中國字例》中說：「像風箱留實之器。穀之輕惡者，隨風吹去，其重而良好者，墜入此器。折轉而存留，故托以寄良好之意。」從字形上來看，這個風箱的構造未免太過複雜。

　　《說文解字》：「良，善也。」這是引申義，「良」是「廊」的本字，本義即為宮殿中供出入的廊廡。為什麼「良」能夠引申為善良之意呢？這是一個有趣的演變過程。

　　《儀禮》在記載士以上階層婚禮的〈士昏禮〉中有這樣的禮儀：「御衽於奧，媵衽良席在東，皆有枕，北止。」其中，「御」是夫家的女僕，「衽」是臥席，「奧」是西南角，「媵（一ㄥˋ）」是女方陪嫁過來的女人，

「止」通「趾」。這段話的意思是：夫家的女僕在西南角為新娘鋪設臥席，女方的陪嫁女在東邊為新郎鋪設臥席，臥席都有枕頭，腳朝北睡。其中的「良」字，鄭玄解釋說：「婦人稱夫曰良。」我們看「良」字的字形，居住在宮殿中的主人一定是男人，因此引申稱丈夫；在男尊女卑的社會，對女人來說，丈夫當然是良善之人，因此又引申為良善。

《尚書・益稷》中，帝舜的大臣皋陶作歌，其中有「元首明哉，股肱良哉」的句子，意思是：君主開明，臣子賢良。元首是頭，代指君主；股肱是大腿和胳膊，代指輔佐君主的臣子。我們看「良」字的字形，居中的宮殿就像君主，兩側的廊廡就像臣子，「良」由此引申為賢良，多麼具象啊！

❶　　　　　　　❷　　　　　　　❸

商人用桑樹搭建而成的祭社

宋．大辰之虛也——《左傳》

　　宋姓是中國姓氏中的大姓之一。根據《史記・宋微子世家》的記載，周武王滅商後，封殷紂王的兒子武庚管轄商朝舊都，周武王死後，武庚起兵反叛，被周公誅殺，另封殷紂王的同母庶兄微子啟於商丘，國號宋，後被齊國所滅，其子孫以國為氏，這就是宋姓的來源。

　　但是，《史記》稱微子啟「國於宋」，可見在微子啟的宋國之前，商丘此地早已名為「宋」，微子啟只不過以地名為國名而已。而且，古人取名的禁忌之一是「名子者不以國」，不能用國名為子孫起名，可是魯定公卻名「宋」，由此也可知「宋」最初並非國名。那麼，商丘為什麼叫「宋」呢？

　　宋，甲骨文字形❶，這是一個會意字，上面是屋頂，下面是一棵「木」。這麼簡單的一個字形，到底會意的是什麼呢？徐鉉解釋說：「木者所以成室以居人也。」這一解釋遂成為歷代關於「宋」字的主流釋義。甲骨文字形❷和❸，大同小異。金文字形❹，緊承甲骨文字形而來。小篆字形❺，可以看出，直到今天，「宋」字幾千年來都沒有任何變化。

　　《說文解字》：「宋，居也。」徐中舒先生在《甲骨文字典》中解釋說：「像以木為梁柱而成地上居宅之形。」如果「宋」真是「居宅之形」，那麼到處都有居宅，為什麼偏偏把商丘名為「宋」呢？這種主流釋義並沒有給

❹

出「宋」和商丘之間的邏輯關係。

　　謎底要從《左傳·昭公十七年》中的一句話揭開：「宋，大辰之虛也。」其中，「虛」通「墟」，處所；「大辰」即二十八宿中的心宿，古稱大火星。根據《左傳·昭西元年》的記載：高辛氏二子不和，遂「遷閼伯於商丘，主辰，商人是因，故辰為商星」。商人部落是負責祭天和祭祀大火星的部族，故稱商丘為「大辰之虛也」。而商丘稱「宋」，則要從商人部落的祭社說起。

　　商人的祭社稱作「桑林」。《呂氏春秋·順民》篇記載，商初大旱，商朝的創建者成湯「乃以身禱於桑林」，可見「桑林」是商人專用於祭祀之地。《帝王世紀》則記載得更詳細：「遂齋戒剪髮斷爪，以己為牲，禱於桑林之社。」成湯把自己當作祭祀的犧牲，在桑林之社祈禱。「社」是祭祀土地之神的場所。

　　古代中國桑樹眾多，很顯然，商人的祭社是用桑樹搭建而成的，故稱「桑林」。商丘之所以稱「宋」，正是由為祭天和祭祀大火星搭建的祭社而來，這種祭社用桑樹搭建而成，「宋」的字形中，上面是祭社的屋頂，下面的那個「木」就是指桑樹。「宋」字恰是商人用桑樹搭建而成的祭社的真實寫照。

　　《墨子·明鬼下》：「燕之有祖，當齊之社稷，宋之有桑林，楚之有雲夢也。」燕國的「祖」、齊國的「社稷」、宋國的「桑林」和楚國的「雲夢」都是祭祀之地。《左傳·襄公十年》：「宋公享晉侯於楚丘，請以桑林。」此處的「桑林」乃是「殷天子之樂名」，商人在桑林舉行祭祀時所用的樂舞。宋國以「宋」為國號，正是繼承了殷商的祭祀傳統，這

❺

❻

就是《呂氏春秋‧慎大》篇中所說「立成湯之後於宋，以奉桑林」的本意。

安徽省壽縣出土的宋景公所造的戈上有銘文「宋」，銘文字形❺，這一字形更是宋國祭社的傳神寫照：下面是一棵桑樹，上面祭社的屋頂裝飾得極其華麗。如果「宋」字僅僅是普通的「居宅之形」，用不著如此裝飾，也不可能全都如此裝飾，因此這個字形乃是宋國對於「桑林之社」的完美復原。

「宋」字的造字密碼就此揭開，而宋姓這支中華大姓，蘊藏著多少殷商的故國記憶啊！

　　《帝鑑圖説》原為手抄手繪的一本書，原書已佚，目前流傳的都是後來刊印，版本甚多。此彩繪版《帝鑑圖説》大致繪製於清代早期，含彩繪故事畫九十五幀，按照西方圖書裝訂方法黏合成冊，故事畫排列順序和其他版本《帝鑑圖説》有很大的差別。

　　〈桑林禱雨〉的故事講的是成湯之時，歲久不雨，天下大旱。靈臺官太史占侯，説：「這旱災，須是殺個人祈禱，乃得雨。」成湯説：「我所以求雨者，正是要救濟生人，又豈忍殺人以為禱乎？若必用人禱，寧可我自當之。」遂齋戒身心，剪斷爪髮，素車白馬，減損服御，身披白茅草，就如祭祀的犧牲模樣，乃出禱於桑林之野。成湯以六事自責曰：「政不節歟？民失職歟？宮室崇歟？女謁盛歟？苞苴行歟？讒夫昌歟？」言未已，大雨方數千里。畫面與記載絲絲入扣。

❶

❷

## 躺在床上撫著額頭做夢

昔者莊周夢為胡蝶，栩栩然胡蝶也——《莊子》

《莊子・齊物論》：「昔者莊周夢為胡蝶，栩栩然胡蝶也。」（編註：胡蝶，同蝴蝶。）「夢」這個字很早就被造出來了，而且在甲骨文中出現的頻率極高，殷商的王和王子們頻頻將做過的夢以及占夢的結果刻在龜甲上傳之後世。

夢，甲骨文字形❶，這是一個會意字，會意為一個人躺在床上睡覺，眼皮不停地跳動。甲骨文字形❷，右邊是一張床，左下是一個人，伸出手去，撫著額頭在做夢，長長的眉毛非常突出。也有學者認為左上表示眼睛裡有眼屎，用來會意做夢。甲骨文字形❸，大同小異。李孝定先生則認為「夢」的甲骨文字形像一個人躺臥而手舞足蹈的夢魘之狀。

小篆字形❹，完全脫離了甲骨文的造字思維，上面的「目」裡邊的瞳仁是斜著的，表示迷迷糊糊，中間是屋子，下面是「夕」，表示是夜晚做夢。小篆字形❺，又添加了屋頂，表示在屋子裡面做夢。

《說文解字》：「夢，不明也。」做夢時腦子不清楚。《正字通》：「夢，寐中所見事與形也。」古人對夢中所見的這些事與形非常重視，《漢書・藝文志》評論各種占卜之事時說：「雜占者，紀百事之象，候善惡之徵。《易》曰：『占事知來。』眾占非一，而夢為大，故周有其官。」各種占卜之事中，占夢是最重要的，因此周代專門設置

❸　　　　　　　❹　　　　　　　❺

了「占夢」這一官職:「占夢,中士二人,史二人,徒四人。」一共八人,
他們的具體職責是:「占夢掌其歲時,觀天地之會,辨陰陽之氣。以日、
月、星、辰占六夢之吉凶。一曰正夢,二曰惡夢,三曰思夢,四曰寤夢,
五曰喜夢,六曰懼夢。」周代總結了這六種夢,其實早在殷商就已經
將夢分為吉夢和凶夢兩種。正夢是無所思慮,平安自夢;惡夢是驚愕
而夢;思夢是醒著的時候有所思念而夢;寤夢是醒著的時候有所見而
成之夢,跟無所見而全憑想像的夢有別;喜夢是喜悅而夢;懼夢是恐
懼而夢。

　　周代還有三夢之法,是由大卜這一官職負責的:「掌三夢之法,
一曰致夢,二曰觭夢,三曰咸陟。」三夢之法說法不一,大致而言,「致
夢」是指人的精神往來常與陰陽流通,禍福吉凶通於天地,因此有所
使而來,不是從自身生發的就叫作致夢;「觭(ㄐㄧ)」通奇,怪異之夢;
「咸」的意思是都,「陟(ㄓ)」的意思是升高,「咸陟」意為無心所感,
精神自然而然地升降所做的夢。不過,周代這種占夢的「三夢之法」
至遲到南宋已經成為絕學,沒有人會使用了。

　　東漢學者王符在《潛夫論》中專門設有一章〈夢列〉,是古代保存
較為完好的夢書,其中更是將夢分為十種:直夢、象夢、精夢、想夢、
人夢、感夢、時夢、反夢、病夢、情夢,並提出具體的方法:「占夢
必謹其變故,審其徵候,內考情意,外考王相,則吉凶之符,善惡之
效,庶可見也。」可惜占夢這一絕學早已失傳,現今所謂的占夢者無
非假借古人的唾餘沽名釣譽,斂財罷了。

〈後赤壁賦〉（局部）
北宋喬仲常繪，紙本墨筆長卷，美國納爾遜－阿特金斯藝術博物館
（Nelson-Atkins Museum of Art）館藏

　　喬仲常，生卒年不詳，北宋河中（今山西永濟）人。工雜畫，尤擅人物道釋故事畫，師法李公麟。〈後赤壁賦〉是北宋大文豪蘇軾被貶至黃州，夜遊赤壁後所寫的散文名篇。後人據此創作了很多版畫卷。喬仲常所繪是傳世時代最早的〈後赤壁賦〉。畫卷依原文順序次第展開，每段描繪賦文中一個情節，全圖首尾相連，並無間隔，同一人物在圖中反覆出現，是所謂「異時同圖」畫法。全卷純用白描，不事渲染，用筆蒼率簡逸，畫風清空灑脫。

　　這一段描繪的是最後一節，客人已去，主人就寢，夢見二道士，羽衣蹁躚（編註：旋舞的樣子），過臨皋之下，與主人晤談。主人忽悟道士為夜遊時所遇之鶴，驚醒，開戶視之，已不見其處。畫面中，屋內橫一床，有人安睡，床前三人對坐清談，是將夢境與現實繪於一處。這個夢如此空靈清逸，絲毫不遜於莊周之夢蝴蝶。

❶

❷

裝飾有水紋和雲紋的宮殿

武王甲卒三千，破紂牧野，殺之於宣室——《淮南子》

「宣」這個字，今天只當作宣傳、宣揚之用，是一個動詞，但是在古代，「宣」最初是一個名詞，而且是殷天子宮殿的專用名。

宣，甲骨文字形❶，這是一個會意字，上面的屋頂之形看得很清楚，下面的回環形代表什麼呢？我們先往下看。甲骨文字形❷，下面同樣是回環之形。至於金文字形❸，屋頂下面的回環之形變成兩個，而且連在一起，上面還添加了一短橫。金文字形❹，一短橫移到了最下面。小篆字形❺，中間變成一個回環形，上下則各添加了一橫。

《說文解字》：「宣，天子宣室也。」這就是「宣」的本義。高鴻縉先生在《中國字例》中，根據金文字形認為「宣」字下面的回環之形「從雲氣在天下舒卷自如之象」，因此「乃通光透氣之室也」。徐鉉則說：「從回，風回轉，所以宣陰陽也。」但是仔細觀察甲骨文字形，下面並不是「回」，而更像河水的漩渦之形。房屋裡面怎麼可能有漩渦呢？原來，「宣」字字形中的回環之形是裝飾在宮殿裡的水紋，金文則又添加了雲紋。白川靜先生則認為這個回環之形像半圓形的物體，宣室因而是半圓形的宮室，此說於文獻無證。

《淮南子・本經訓》記載：「武王甲卒三千，破紂牧野，殺之於宣室。」高誘注解說：「宣室，殷宮名。」原

❸　　　　　　　❹　　　　　　　❺

為殷代天子宮殿的專用名稱，因此武王才會在殷紂王的宣室裡殺了他。

　　張舜徽先生則說：「古者民居甚狹而小，惟天子之宮為寬而大，故其室謂之宣室；亦猶古者民居甚卑而暗，惟天子之堂為高而朗，故其堂謂之明堂耳。」訓宣室為大室，乃引申義。大室又稱「太室」，《尚書‧洛誥》描寫周成王「王入太室，祼」，「祼（ㄍㄨㄢˋ）」是以酒灌地請神的祭禮。太室，孔安國解釋為「清廟」，孔穎達則進一步解釋說：「太室，室之大者，故為清廟。廟有五室，中央曰太室。王肅云：『太室，清廟中央之室。』清廟，神之所在，故王入太室祼獻鬯酒以告神也。」所謂清廟就是太廟，帝王的宗廟。正如張舜徽先生所說，帝王所居的宣室一定「寬而大」，因此也稱作大室或太室。甲骨卜辭中有「卜於南宣」之句，可見宣室和太廟的關聯；而且既有「南宣」則必有其他方向的宣室，宣室並非一處。

　　清道光年間出土於陝西寶雞的虢季子白盤，有銘文一百一十一個字，記載了周宣王宴請征戰而歸的虢季子的情形。虢季子「獻馘於王」，「馘（ㄍㄨㄛˊ）」是戰爭中割下的敵人的左耳，用以計數報功；周宣王則「王各周廟宣榭，爰饗」，周宣王到周人宗廟的宣榭裡去，在那裡宴請虢季子。這個「宣榭」即是建在臺上的高大廳堂，乃講武之處，「宣」因此引申為「宣揚威武」，今天使用的「宣」的義項即由此而來。

❶　　　　　❷

《爾雅・釋宮》：「宮謂之室，室謂之宮。」北宋學者邢昺解釋說：「古者貴賤所居皆得稱宮……至秦漢以來，乃定為至尊所居之稱。」即《易經・繫辭下》所說：「上古穴居而野處，後世聖人易之以宮室，上棟下宇，以待風雨。」秦漢之後，只有皇帝的居處才可稱「宮」。

宮，甲骨文字形❶，這是一個象形字。徐中舒先生總結了前人的觀點，認為上面「像房屋透視輪廓」，下面的兩個口形「像屋頂斜面所開之通氣窗孔」，然後根據考古資料進一步闡釋道：「據半坡圓形房屋遺址復原，其房屋乃在圓形基礎上建立圍牆，牆之上部覆以圓錐形屋頂，又於圍牆中部開門，門與屋頂斜面之通氣窗孔呈呂形。此種形制房屋，屋頂似穹窿，牆壁又似環形圍繞，故名為宮。」不過，羅振玉先生認為「像有數室之狀」，這是把該字形下面的口形看成一個一個房間的象形了。

宮，甲骨文字形❷，兩個口形上下相疊。甲骨文字形❸，這是徐中舒先生的觀點最有說服力的例證。它與尚、堂、向等一系列漢字的構造相似，字形中有兩個形狀迥異的口形，上面的口形即窗戶或通氣窗孔之形。金文字形❹，更加整齊美觀。小篆字形❺，為求勻整起見，兩個口形中間添加了相連的一豎。

《說文解字》：「宮，室也。」段玉裁解釋說，如果宮、室對舉，那麼「宮言其外之圍繞，室言其內」，因此「宮」

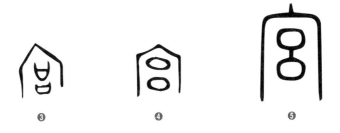

❸　　　　　　　❹　　　　　　　❺

又引申為環繞；環繞則必有中心，因此「宮」再引申為中央。中國古代的五聲音階：宮、商、角、徵、羽，之所以以「宮」命名，《史記‧樂書》稱「宮為君」，張守節解釋說：「宮屬土，居中央，總四方，君之象也。」《漢書‧律曆志》也說：「宮，中也，居中央，暢四方，唱始施生，為四聲綱也。」所謂天子的「六宮」，也是因為皇后和后妃們居於宮中的隱蔽之地，故有此稱。

　　白川靜先生則認為：「『宮』本指祭靈之廟，即所謂的『宮廟』。」宗廟是統治階層祭祀的中心所在，因此也稱「宮」。《詩經‧采蘩》是一首女子採摘祭祀所用的白蒿的詩篇，其中吟詠道：「於以采蘩，於澗之中。於以用之，公侯之宮。」這是一問一答的口吻：到哪裡去採白蒿？到山澗裡去採。採來白蒿做什麼用？公侯宗廟裡祭祀要用。這個「宮」即指宗廟。

　　很多人不明白古代五刑之一的宮刑為何以「宮」為名。在為《尚書‧呂刑》所作的傳中，孔安國解釋說：「宮，淫刑也。男子割勢，婦人幽閉。」可見宮刑原為處罰男女通姦之刑。男子割勢，即閹割；婦人幽閉，捶擊使婦人陰門掩閉（一說幽禁於宮中）。

　　至於為何以「宮」為名，可能跟「宮」的宗廟之義相關。《禮記‧文王世子》中記載：「公族無宮刑，不翦其類也。」國君的同族和諸侯即使犯了宮刑之罪，也不以宮刑治罪，這是為了不使他們的後代滅絕。後代沒有滅絕，則宗廟之祭可以千秋萬代地承續下去；非公族階層施行宮刑之後，後代滅絕，也就沒有宗廟之祭了。故將此刑稱作「宮」，滅絕宗廟之意，引申之而婦人的幽閉之刑也稱宮刑。

王振鵬，生卒年不詳，字朋梅，浙江溫州人。元代著名畫家，擅長人物畫和宮廷界畫，被元仁宗賜號為「孤雲處士」，官至漕運千戶。《養正圖》又稱《聖功圖》，是帶有啟蒙教育性質的作品，內容皆為歷代賢明君主的故事。這套《養正圖》雖是王振鵬款，卻是明清人所繪。

〈散遣宮人〉一則畫的是宋太祖的故事：「開寶五年春，大雨，河決。帝謂宰相曰：『霖雨不止，朕日夜焦勞，恐掖庭幽閉者眾。』昨令編籍，後宮凡三百八十餘人。因諭願歸其家者具以情告，得百名悉厚賜遣之。普等皆稱萬歲。」古人相信天人感應，宋太祖認為大雨不止與宮中怨女太多有關。昔日唐太宗放宮女三千人，傳為美談，而宋太祖檢點後宮，「僅」得三百多人，比唐太宗「儉樸」多了。

《（傳）王振鵬養正圖十則之一・散遣宮人》

明清佚名繪，絹本設色長卷，美國大都會藝術博物館藏

尚

有窗有斜屋頂的房屋

❶　　　　　　❷

「尚」這個字是怎麼造出來的，學者們眾說紛紜，各種觀點的交鋒非常有趣。

先來看「尚」的小篆字形❹，《說文解字》：「尚，曾也，庶幾也。從八向聲。」許慎認為這是一個從八向聲的形聲字，「曾」即「增」的古字，因此釋義為增加。但是「尚」為什麼有增加之意呢？許慎語焉不詳。

回頭來看「尚」的金文字形❶和❷，這是兩個大同小異的字形。林義光在《文源》一書中認為：「當為賞之古文，以物分人也⋯⋯凡贈賞者，以自有之物增加與他人所有之物，故曾、尚皆可訓為加。」他的意思是說：上面的字元並不是「八」，而是分開的「人」字；中間的字元是「宀」，表示住宅；下面的「口」也是表示人。整個字形會意為：在住宅裡把自有之物分給他人，因此是「賞」的古字。

左民安先生在《細說漢字》一書中認為：「下部像一建築物，壁有窗戶，上有兩橫，為煙氣上騰狀⋯⋯本義為煙氣自窗戶上騰。由此可以引申為『超過』或『高出』。」谷衍奎先生所著的《漢字源流字典》中，認為這個字形像酒器形，因此「尚」的本義是舉杯致敬，引申為尊崇、崇尚。

白川靜先生在《常用字解》一書中的觀點最為有趣：「會意，『向』與『八』組合之形。『向』義示在光亮射進

❸

❹

的窗口供起『口』（一種置有禱詞的祝咒之器）祀神。於是，神的反應模糊微弱地呈現出來，此謂『尚』。『八』表示呈現出神靈反應的跡象。向神祈拜，神的反應浮現，神附體於人的狀態謂『惝怳（恍）』。由惝怳之義引申，『尚』有了尊貴、高尚之義。」

還有學者認為上面的「八」表示分開，中間的「冖」表示覆蓋的布，下面的「口」是裝飾部分，整個字形會意為「掀開蒙蓋物」，因此是「敞」的古字。

以上釋義都過於迂曲。其實，這個字形下面的字元確實為「向」，徐中舒先生在《甲骨文字典》中如此解釋「向」字：「從宀從口，口像壁上戶牖之形。」也就是說，「向」字的上部表示屋頂，兩邊表示牆壁，「口」表示在房屋的牆上所開的窗戶，因此《說文解字》釋義為：「向，北出牖也。」即在房屋的北牆上所開的窗。

這才是「向」的本義；而上面類似「八」的字元確實為分開之意，但分開的不是人，也不是煙氣或幕布，更不是「神靈反應的跡象」，而是表示兩面坡的屋頂，也就是便於分流雨水的斜屋頂。「尚」的金文字形❸中間的一點，即點明兩坡分開或彙聚之處。出土實物中就有這樣的春秋時期微型尖頂銅屋的模型，更講究的則是「四阿重屋」，乃是統治階層所居的四面坡頂、兩重屋簷的宮殿。兩面坡的尖頂房屋既高大，又不是平民百姓住得起的，因此引申為尊崇、尊對卑之意。比如帝王之女身分尊貴，不敢言「娶」，而要說「尚」。《漢書‧王吉傳》記載：「漢家列侯尚公主，諸侯則國人承翁主。」皇帝之女稱「公主」，諸侯之女稱「翁主」。晉灼注解說：「尚、承皆卑下之名也。」

❶ ❷

# 寢

## 用掃帚把屋子打掃乾淨才睡覺

寡人夜者寢而不寐——《春秋公羊傳》

在《說文解字》中，「寢」和「寝」是兩個不同的字。讓我們來看看這兩個有趣的漢字是怎麼演變並且合而為一的。

寢，甲骨文字形❶，這是一個會意字，上面是房屋之形，房屋裡面是一把掃帚，會意為用掃帚把屋子打掃乾淨，準備睡覺了。金文字形❷，同於甲骨文。金文字形❸，掃帚下面添加了一隻手，表示手持掃帚；左邊添加了一個女人，表示女人手持掃帚打掃。小篆字形❹，同於金文。今天使用的「寢」字，把小篆字形中的「人」改成了「爿」，就是床，同樣會意為就寢。

《說文解字》：「寢，臥也。」我們看一下「寝」字的小篆字形❺，在屋子的裡面，左邊是「爿」，一張床。右邊則極為複雜：上面是「夢」的省寫，下面還是「帚」。把屋子打掃乾淨之後睡覺，然後開始做夢，做夢則人昏昏沉沉，因此《說文解字》如此解釋這個字：「寝，病臥也。」那麼，這兩個字的區別就是：「寢」是正常的睡覺，而「寝」則是生病了躺臥著。後來，這兩個字就不再區分，統一使用「寢」字了。

《論語》中有個小故事：「宰予晝寢，子曰：『朽木不可雕也，糞土之牆，不可杇也；於予與何誅？』」宰予是孔子的學生，他「晝寢」，大白天的偏偏去睡覺，於是孔子感嘆道：「腐朽的木頭不可雕刻，糞土壘起來

❸　　　　　　　❹　　　　　　　❺

的牆壁無法粉刷，對宰予這樣的人，責備他還有什麼用呢！」

　　《禮記・曲禮上》中有這樣的規定：「寢毋伏。」如果要「寢」，不能伏在桌子上，要躺到床上去睡。「寢」的字形中原本就沒有桌子的字元，所以這樣的規定是非常合理且有趣的。孔子之所以批評宰予朽木不可雕，就是因為他「晝寢」，大白天卻跑到床上去睡覺。假如宰予只是坐著或伏在桌子上打盹，估計孔子也不會這麼生氣吧。

　　《春秋公羊傳》中，晉獻公因為有心事，對大臣們哀嘆道：「寡人夜者寢而不寐。」躺在床上睡覺，卻沒有睡著。「寐」是睡著的意思。由此可見，古人關於睡覺的各種字眼是分工很細的。

　　《爾雅・釋宮》：「室有東西廂曰廟，無東西廂有室曰寢。」這是古代的寢廟制度，前面的正殿稱「廟」，後殿稱「寢」。孔穎達解釋說：「廟是接神之處，其處尊，故在前；寢，衣冠所藏之處，對廟為卑，故在後。」廟有東西廂房，寢只有內室，用來放置祖先的衣冠，表示祖先的靈魂還在這裡躺臥。這是由「寢」的本義引申來當作名詞使用。

　　此外，天子和諸侯處理政事的正廳稱作「路寢」或「大寢」；處理完政事，回到寢宮，脫去朝服，休息的地方稱作「小寢」或「燕寢」。這些都是君王的宮室，因此又引申為帝王的陵墓也有「寢」，位置在墓的一側，取寢廟制度「前曰廟，後曰寢」的遺制。

　　「寢」還有一個非常有趣的義項，當作形容詞用：醜陋。古籍中多有「貌寢」、「貌寢陋」的記載，想一想「寢，病臥也」這個解釋吧，生病臥床的人，容貌當然好不到哪裡去，故而如此引申。古人的心思，有時候也很刻薄呢！

# 高

## 城牆上所建的高臺

松柏不剪，親戚安居，高臺未傾，愛妾尚在——丘遲

❶　　　　　　❷

　　南北朝時期是一個亂世，陳伯之先為齊朝大將，歸附梁朝，然後又叛梁，歸附北魏。梁武帝天監四年（505年），梁軍討伐陳伯之，丘遲時任掌管書記文告的記室一職，與陳伯之是老相識，於是以私人名義修書一封，勸降陳伯之，這就是傳誦千古的〈與陳伯之書〉。陳伯之看完這封信後，大為折服，「乃於壽陽擁眾八千歸」。

　　〈與陳伯之書〉一文中有許多名句，比如「暮春三月，江南草長，雜花生樹，群鶯亂飛」，比如「將軍松柏不剪，親戚安居，高臺未傾，愛妾尚在，悠悠爾心，亦何可言。」其中，「松柏」喻指祖墳，東漢學者班固彙編的《白虎通義》中寫道：「天子墳高三仞，樹以松；諸侯半之，樹以柏；大夫八尺，樹以欒；士四尺，樹以槐；庶人無墳，樹以楊柳。」不過，後來庶人的墓地也可以植松柏，「松柏」遂成為祖墳的代稱。「高臺」亦有出處，東漢學者桓譚在《新論·琴道》篇中借雍門周之口展望孟嘗君死後的淒慘景象：「高臺既以傾，曲池又已平，墳墓生荊棘，狐兔穴其中，游兒牧豎，躑躅其足而歌其上。」

　　「高臺未傾」，即指陳伯之在梁朝的房舍住宅未被傾毀，則「高臺」之高可以想見。我們來看看「高」這個字是怎麼造出來的。

　　高，甲骨文字形❶，像一座高聳的建築。甲骨文字

❸ ❹ ❺

形❷，下面添加了一個「口」。甲骨文字形❸，上部有一橫或兩橫的增飾。金文字形❹，小篆字形❺，都大同小異。

那麼，這到底是一座什麼樣的建築呢？徐中舒先生在《甲骨文字典》中認為下面的「冂」表示高地，「口」表示穴居之室，上面的字元則表示「上覆遮蓋物以供出入之階梯」。整個字形「像高地穴居之形」。他還說：「殷代早期皆為穴居，已為考古發掘所證明。」

白川靜先生則在《常用字解》一書中認為「口」表示「一種置有向神禱告的禱詞的祝咒之器」，上面是「京」的簡寫，「形示下有拱形門洞、上有望樓的城樓」。所以「『高』表示在此城門前，為了阻遏惡靈入內，供奉祝咒之器，舉行祓除儀式。望樓高大，因此『高』有高、高大、高等之義。由物體的高低之高引申到地位之高貴，以及精神方面之高貴」。

不過，從字形上來看，顯然這是一座堆砌在土臺上的建築物，上面是傾斜的屋頂，便於排水，多麼具象的一座「高臺」！至於下面的「口」，還是應該從日常生活的實際經驗來理解，不宜視為「祝咒之器」。字元「冂」是指郊外，那麼「口」就應該表示城邑，「高」乃是區別於郊外的城邑城牆上所建的高臺，用於瞭望。

《說文解字》：「高，崇也。象臺觀高之形。」所有與「高」結構相同的漢字，比如京、亭、亮、亳、享、喬等，都清楚地展示了古代中國建築的這種特點。

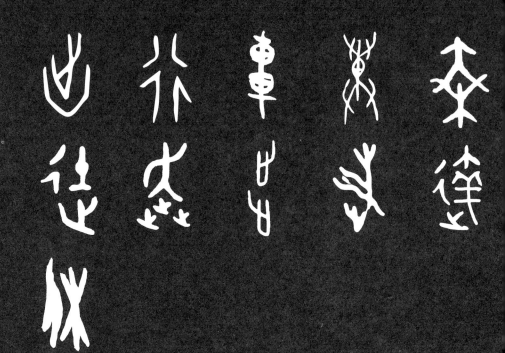

出行篇

# 出

## 從穴居之處往外走

❶　　　　❷　　　　❸

期者：父在為母：妻：出妻之子為母──《儀禮》

　　「出」與「入」相對，出來，出去。看似簡單的一個字，古時候的含義卻極其豐富。這個字不但反映了古代婚姻制度的一個面向，而且還跟喪服制度密切相關。

　　出，甲骨文字形❶，這是一個會意字，左右兩邊代表十字路口，中間的上部是一隻腳，下部的口形表示居處，整個字形會意為人從自己的居處出行。至於甲骨文字形❷，十字路口省去了半邊。甲骨文字形❸，徐中舒先生說下部像「古代穴居之洞穴。故甲骨文出字像人自穴居外出之形」。甲骨文字形❹，下面更像穴居之處。甲骨文字形❺，有人認為下面的口形表示城邑，但從字形演變來看，還是以穴居或居處最為貼切。金文字形❻，大同小異。金文字形❼，穴居之處或居處變為短短的一條曲線，林義光認為「像足跡自隱處出行之形」。小篆字形❽，上面的足形訛變為「止」，為楷書字形兩個上下相連的「止」打下了基礎。

　　《說文解字》：「出，進也。象草木益滋上出達也。」即使根據小篆字形，「出」字上面的字元也不像草木生長的樣子，因此許慎的解釋是錯誤的。張舜徽先生舉《禮記・月令》的「句者畢出，萌者盡達」的描述，認為用的就是「出」的本義。草木出土時，彎者稱「句」，直者稱「萌」。其實這只不過是引申義而已。

　　「出」這個字怎麼跟婚姻制度和喪服制度有關呢？

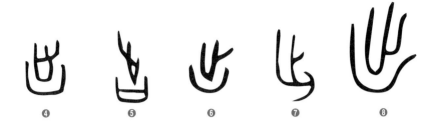

④　　　　　⑤　　　　　⑥　　　　　⑦　　　　　⑧

我們先來看《儀禮・喪服》中的規定：「期者：父在為母；妻；出妻之子為母。」其中「期」指服喪一年。此處所說的服喪一年有三種情況：第一，母親死了而父親還健在，要為母親服喪一年；第二，丈夫為死去的妻子服喪一年；第三，被休棄之妻子的兒子，要為死去的生母服喪一年。不過，緊接著還有一條規定：「出妻之子為父後者，則為出母無服。」意思是：被休棄之妻子的兒子，如果成為父親的繼承人，那麼不能為被休棄的生母服喪。

　　其中「出妻」指被休棄的妻子。根據《孔子家語・本命解》的記載，孔子說「婦有七出」：「七出者：不順父母者，無子者，淫僻者，嫉妒者，惡疾者，多口舌者，竊盜者。」如果妻子有這七種情況，那麼丈夫就可以將妻子休棄，稱作「出妻」。這當然是男權社會的陋習。

　　需要辨析的是「出閤」一詞。「出閣」指女子出嫁，盡人皆知，但其實是「出閤」的誤寫。「閣」和「閤」是兩個完全不同的字，形近音同，後人不察，一概將「閤」誤寫作「閣」。「閣」是「所以止扉者」，開門之後，為了防止門扇自動合上，用兩根長木樁放置到門扇兩旁，這兩根長木樁就叫「閣」；而「閤」是「門旁戶也」，大門旁邊另開的小門。

　　《爾雅・釋宮》：「宮中之門謂之闈，其小者謂之閨，小閨謂之閤。」闈、閨、閤，三道宮中的門戶，一個比一個小，因此閨闈和閨閤引申而借指女人的內室，出嫁即為「出閤」。

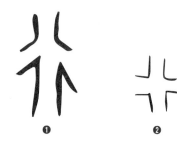

❶                     ❷

# 行

## 朝向東西南北的十字路口

其祀行‧祭先賢——《禮記》

「行」這個字，今天最常用的讀音有兩個：讀作「ㄏㄤˊ」的時候用作名詞，指道路以及引申而來的行列、行業等；讀作「ㄒㄧㄥˊ」的時候用作動詞，指行走以及引申而來的運行、從事等。

而且歷代字書中都立有「行」部首，今天則簡化為「彳」部首，也就是通常所說的雙人旁。

行，甲骨文字形❶，這是一個很明顯的象形字，中間是一條南北大道，左右兩側是旁出的東西方向的道路。甲骨文字形❷，非常具象的一個十字路口。金文字形❸，大同小異。金文字形❹，略有變形。金文字形❺，變形得更厲害，為小篆字形❻打下了基礎。小篆字形則完全看不出通道口的樣子了。

《說文解字》：「行，人之步趨也。從彳從亍。」這是根據小篆字形做出的錯誤釋義。「行」的本義很明確，就是十字路口。

羅振玉說「象四達之衢，人所行也」。馬敘倫則解說得更加清晰：「《爾雅‧釋宮》：『行，道也。』此行之本義也。《詩‧小弁》：『行有死人。』謂道有死人也。《呂氏春秋‧下賢》：『桃李之垂於行者，莫之援也；錐刀之遺於道者，莫之舉也。』行與道對文，亦行即道之證。」林義光則根據金文形❺認為「行本義當為行列」，上面的「八」意為「分也」，下面「像人分為行列相背形」，

這種釋義與甲骨文字形不符,只是引申義。

《詩經・七月》中有「女執懿筐,遵彼微行,爰求柔桑」的詩句,懿筐指深筐,柔桑指嫩桑葉。微行,孔穎達解釋說:「行,訓為道也。步道謂之徑,微行為牆下徑。」即牆下的小路。這裡用的就是「行」的本義。

《禮記・月令》中還有更有趣的記載:「其祀行,祭先腎。」這是說孟冬之月,也就是冬季的第一個月,要祭祀「行」,祭祀的時候要使用祭牲的腎。

祭祀的這個「行」就是指路神。此時要對道路進行大掃除,以使路神安居;還要設置一個「厚二寸,廣五尺,輪四尺」的土壇,稱作「軷(ㄅㄚˊ)壞」;祭祀完畢之後,要將車輪碾過祭牲,以示行道無艱險。這裡的「行」也是道路的本義。

春秋戰國時期,各國均設有「行人」一職,乃是掌管朝觀聘問的官員。鮮為人知的是,出使的「行人」則稱作「行李」,而今天的「行李」一詞則指出門時所攜帶的東西,與古代的含義完全不同。

《左傳・僖公三十年》記載:「行李之往來,共其乏困。」杜預注:「行李,使人。」

《國語・周語》則記載:「敵國賓至,關尹以告,行理以節逆之。」三國時代學者韋昭注:「理,吏也;逆,迎也,執瑞節為信而迎之。行理,小行人也。」按照韋昭的解釋,「理」應該是「吏」字,「行理」應該寫作「行吏」,這樣一來就好理解了:「行吏」即出使的官吏。

但是還有人認為「理」和「李」是通假字,近代學者章炳麟的《官

制索隱》就持此說。清人郝懿行在
《證俗文》中解釋得最為明白：「古者
行人謂之『行李』，本當作『行理』，
理，治也。作『李』者，古字假借通
用。」

《詩歌寫真鏡・雪中旅人》
葛飾北齋繪，約1833年

　　葛飾北齋（1760~1849），
日本江戶時代最負盛名的「浮世
繪三傑」之一，他的繪畫風格對
後來的歐洲畫壇影響很大。他筆
下風格多變，題材豐富，花鳥蟲
魚、山水人物，無所不畫，尤其
擅長風景畫與風俗畫，一生創作
名畫無數，成為日本文化代表性
人物。

　　《詩歌寫真鏡》是一組系列
作品，共十枚，大致刊行於天保
年間（1830~1844），根據著名
的中國詩或日本和歌創作，每幅
描繪一篇詩歌作品。這是一幅雪
中行旅圖，描繪了一人一騎一
僕，在茫茫大雪中趕路至中途。
騎者與僕人均戴著斗笠，僕人穿
著蓑衣，抱著行李。兩人的斗笠
上已經積了厚厚一層雪，暗示他
們走了很遠的路。遠處有一棟覆
滿白雪的小屋，馬上行人不禁停
鞭悵望。

　　據說這幅作品描繪的是中國
宋代大詩人蘇東坡被流放時的情
景，但不知對應的是哪首作品。
有一齣元雜劇是《蘇子瞻風雪貶
黃州》，也許畫的是這個故事？
也有研究者認為此圖的意境源自
杜甫的〈送遠〉一詩。

❶　　　　　　❷

# 車

## 有輪子有車廂有橫木的一輛車

子有車馬，弗馳弗驅——《詩經》

　　在中國古代，總是車馬並舉，一般來說，沒有無馬的車，也沒有無車的馬。比如《詩經·山有樞》中的詩句：「子有車馬，弗馳弗驅。」您有車又有馬，卻不乘又不坐。《周易·繫辭》記載黃帝的功績之一是：「服牛乘馬，引重致遠，以利天下。」可見除了馬車之外，還有牛車。馬車供貴族出行和作戰使用；牛車用來載運貨物，魏晉以前牛車很低賤，貴族是不能乘坐的，魏晉之後，王公貴族才開始乘坐牛車。相傳黃帝造車，直到其子少昊時才用牛拉車，到了禹的時候，任命奚仲為「車正」，這才開始用馬拉車。

　　車，甲骨文字形❶，這是一個象形字，橫著看就像一輛車的兩個輪子。甲骨文字形❷，更是非常具象的一輛車的形狀，下面是兩個輪子，連著上面的車廂。金文字形❸，也是橫視圖，兩個輪子的前面是車轅前端的橫木，叫「衡」，乃是駕馬之處。小篆字形❹，僅僅保留了一個車輪。楷書字形❺，同於小篆。簡體字形「车」則完全看不出象形的樣子了。

　　《說文解字》：「車，輿輪之總名。」一輛車，最顯眼的部分當然是車廂和車輪。車廂叫「輿」，裡面既可以乘人，又可以納物，因此引申為「眾多」之意，比如「輿論」就是指公眾的言論。

　　周代就把造車工人稱作「輿人」，《周禮·考工記》

③

④

⑤

中記載有非常詳細的造車方法，而且車的種類也分得很細，大類分成大車和小車。大車又分為以下幾種：大車，指行於平地的牛車；柏車，行於山地的大車；羊車，裝飾精美的大車。這三種車都用牛來拉，而且都是兩轅。小車又分為以下幾種：田車，「田」是田獵，打獵用的車子；兵車，顧名思義，就是打仗用的戰車；乘車，又叫安車，「安」是安坐的意思，古人乘車跟今天完全不同，是站立在車廂裡的，這叫「立乘」，但是高官告老還鄉或者徵召有名望的人，往往賜乘安車，婦人也不立乘，乘車或安車就是特許這些人使用的。這三種車都用馬來拉，而且都是一轅。

《禮記‧檀弓下》記載：「孔子過泰山側，有婦人哭於墓者而哀，夫子式而聽之。」這個「式」字與「軾」通假，是車廂前面可以憑倚的橫木，古人在行車途中，如果遇到了身分比自己尊貴的人，要「撫式」，手扶橫木俯首致敬，但兵車是作戰所用，所以「兵車不式」。

古人乘車，以左為尊，空著左邊的座位準備接待貴賓，稱「虛左以待」。尊者在左，駕馭的人居中，還要有一個人在右邊陪著，這叫「驂（ㄘㄢ）乘」。兵車的情況則不同，主帥居中，駕馭的人居左，右邊還要帶上一位勇士，稱作「車右」，目的是防備不測。

有趣的是，《左傳》中有「輔車相依，唇亡齒寒」的諺語。「輔」指頰骨，可以輔持口腔；「車」指牙床，牙床上裝滿了牙，就像車上載滿了東西一樣。「輔車相依」跟「唇亡齒寒」的意思一樣，即頰骨和牙床相互依存，缺一不可。

# 四隻手抬著一輛車

天地有覆載之德，故謂天為蓋，謂地為輿——司馬貞

❶　　　　　　❷

「輿」這個字，今天使用最多的義項是輿論、輿情，指公眾的意見和言論。「輿」為什麼會用作公眾的代指呢？

輿，甲骨文字形❶，很明顯這是一個象形字，上下左右是四隻手，中間是車廂和縱穿過車廂的大木。《說文解字》：「輿，車輿也。」按照許慎的解釋，「輿」的本義就是眾人推挽的車廂。在馴化馬和牛來拉車之前，推車皆用人力。不過我倒認為這個字形反映的是遠古時期，眾人抬著車廂行走的情景，後世的肩輿即其遺制。宋末元初歷史學家胡三省注《資治通鑑》說：「肩輿，平肩輿也，人以肩舉之而行。」

輿，甲骨文字形❷，有些解字者將中間的車形誤認作「東」字，其實這個車形末端旁出的兩劃是車輪的省寫，這就變成了眾人推車。戰國後期秦國石刻〈詛楚文〉字形❸，中間正式定型為「車」。小篆字形❹，一模一樣。

根據《後漢書‧輿服志》的記載：「上古聖人，見轉蓬始知為輪。輪行可載，因物知生，復為之輿。輿輪相乘，流運罔極，任重致遠，天下獲其利。」這是指先有類似轉蓬（隨風飄轉的蓬草）的「輪」，然後才有「輿」，「輿」是「輪」所載，因此「輿」可當作載、運載之用。

古代中國稱疆域圖為「輿圖」或「輿地圖」，唐代歷

❸

❹

史學家司馬貞在為《史記》作的索隱中解釋說:「天地有覆載之德,故謂天為蓋,謂地為輿,故地圖稱輿地圖。」天覆地載,大地就像載運著萬物一樣,因此稱地圖為「輿圖」。

「乘輿」一詞,本來特指天子和諸侯所乘之車,後來用作皇帝的代稱。蔡邕在《獨斷》一書中說:「乘輿出於《律》。《律》曰:『敢盜乘輿服御物。』謂天子所服食者也。天子至尊,不敢渫瀆言之,故托之於乘輿。乘,猶載也;輿,猶車也。天子以天下為家,不以京師宮室為常處,則當乘車輿以行天下,故群臣托乘輿以言之。或謂之車駕。」「乘車輿以行天下」,這當然是古人對天子的理想化要求。

讓我們想一下「輿」字中的四隻手吧,推車的人如此眾多,因此「輿」引申出眾多之意。今天常常使用的「輿論」一詞,因此而指公眾的言論。不過,我倒是有一個不同的觀點。

據說黃帝造車服以賜群臣,乘輿者車服華麗,而推車或駕車的御者,可想而知地位低下,更別說最早時候抬車的人了。那四隻代表御者的手,想必青筋暴露,勞力者治於人,時間久了,未嘗沒有怨言。怨言漸漸密集起來,形成了一個獨特的言論圈子,後世就用「輿論」這一專門術語來命名這個獨特的言論圈子。可做對比的是英語中的Public opinion一詞,公民意見,但「輿論」一詞從詞源上來說僅僅與車輿或駕車有關,能乘車者必定是上層統治者,他們只會發號施令,怎會提什麼反對意見呢?因此,「輿論」是皇權專制社會的特有詞彙,與現代社會的媒體批評和公眾意見完全不相關。

〈仿李公麟白蓮社圖〉（局部）
明清佚名繪，紙本墨筆長卷，美國大都會藝術博物館藏

　　〈白蓮社圖〉卷描繪東晉元興年間，蓮宗初祖惠遠在廬
山東林寺與十八位賢士建白蓮社專修淨土法門，並與陸修
靜、陶淵明、謝靈運相善的故事。此圖仿李公麟的白描筆法，
純熟飄逸。

　　這一段畫卷描繪的是陶淵明與謝靈運山路相逢的情景。
陶淵明正在步行上山，寬衣廣袖，是魏晉士人典型裝束。他
身後兩個僕人，扛著一頂肩輿隨行，預備主人疲倦時乘坐。
這頂肩輿頗為簡樸輕便，為藤編方形籃筐，二人以竿挑之，
竿上還繫著一個酒葫蘆。陶淵明好酒，此物不可不備。白居
易有詩曰：「翩翩平肩輿，中有醉老夫。」待陶淵明醉酒下山
之時，大約也是這般情形吧。

爬到樹上去瞭望敵情

乘肥馬，衣輕裘——《論語》

❶　　　　　❷　　　　　❸

「乘」是個非常有意思的漢字，有兩個讀音。我們先來看字形的演變。

乘，甲骨文字形❶，這是一個會意字，下面是枝杈伸展的「木」，上面是一個人，人爬到樹上去幹嘛呢？甲骨文字形❷，上面的人好像引頸眺望的模樣，大概是在瞭望並偵察敵情。金文字形❸，樹木和人的樣子更加舒展。金文字形❹，人多了兩隻腳，意為手腳並用，艱難地爬到樹上。小篆字形❺，下面的「木」還是老樣子，但人的樣子不太像，倒是突出了兩隻腳。楷體字形的上下結構訛變成了「禾」，人的兩隻腳則訛變成了中間的「北」。

《說文解字》：「乘，覆也。」意思是跑到上面。段玉裁解釋說：「加其上曰乘。」這個說法不太準確，從字形即可看出，「乘」的本義是登、升，人登到樹上。甲骨文卜辭中有名為「望乘」的人名或部落名，屬於商王的部隊，應該就是偵察敵情的先頭部隊。

《詩經·七月》中有「亟其乘屋」的詩句，意思是趕緊登上屋頂去修理房屋。因為人騎馬時也要登上馬背，因此引申為騎、坐和駕馭之意，比如乘車、乘船，比如《論語》中有這樣的話：「赤之適齊也，乘肥馬，衣輕裘。」公孫赤到齊國去，駕馭著肥馬拉的車子，穿著輕暖的皮衣。此處的「乘肥馬」不是指騎馬，而是指

❹ ❺

駕馭馬車。戰國以前車馬相連，沒有無馬的車，也沒有無車的馬。

　　馬奔跑的時候會加速，因此引申出「乘勢」的意思；駕馭馬匹是借助馬匹的速度，因此又引申出利用、依仗、趁機的意思。當用作這些義項的時候，「乘」的讀音是「ㄔㄥ´」。

　　古代狩獵或者作戰的車子，以四匹馬拉最為常見，「乘」的引申義是「覆」，覆在上面，駕車時要把車軛套在馬的脖子上，因此這也叫「乘」，而一車用四匹馬拉，因此四匹馬拉的車子就叫作「一乘」。所謂「萬乘」即一萬輛車，這是天子之制，因此也用「萬乘」來指代天子；「千乘」即一千輛車，這是諸侯之制；「百乘」即一百輛車，這是大夫之制。

　　《詩經》中就有許多吟詠車馬的詩，常常出現「四牡」（四匹公馬）、「乘馬」（四匹馬）、「乘黃」（四匹黃色馬）等詞句，日常口語中也有「一言既出，駟馬難追」的說法，「駟馬」即指四匹馬拉的車子。從這裡又把「乘」引申為量詞，以四為乘，比如「乘壺」就是四個壺，「乘矢」就是四支箭，諸如此類。

　　《左傳》中有一個著名的故事，秦軍準備偷襲鄭國，半路被自稱鄭國使臣的弦高攔住，弦高其實是個商人，聽說秦軍欲攻打自己的國家，便冒充使臣，「以乘韋先牛十二犒師」。「乘韋」是四張熟牛皮，先獻上四張熟牛皮，然後再獻上十二頭牛，犒勞秦師。為什麼說「以乘韋先牛十二」呢？這是因為獻人禮物時，一定要先輕後重，先薄禮後重禮。秦軍以為鄭國早有準備，收下禮物後只好撤軍。當作這個義項的時候，「乘」的讀音是「ㄕㄥ`」。

孟子曾經說過：「晉之乘，楚之檮杌，魯之春秋，一也。」晉國的史書叫《乘》，楚國的史書叫《檮杌》，魯國的史書叫《春秋》。

　　《春秋》容易解釋，記載一年四季的事情。

　　《檮杌》最難解釋，過去的說法是「檮杌（ㄊㄠˊ ㄨˋ）」是凶獸之名，楚國用它做為史書的書名，是為了懲罰歷史上的惡人；還有學者說，檮杌能夠預知未來，如果有人想要捕捉牠，牠事先就能夠知道，因此用作書名，表示往知來的意思；也有學者說「檮」是木質堅硬的樹，「杌」是砍斷這種樹後剩餘的木樁子，木樁子的橫斷面上有一圈一圈的年輪，因此用來代表歷史，並用作書名。

　　晉國的史書叫《乘》，宋代學者孫奭解釋道：「以其所載以田賦乘馬之事，故以因名為乘也。」田賦乘馬之事，關乎國家的政治、經濟、軍事大事，故以《乘》為名，後來「史乘」就成為史書的泛稱，即由此而來。

❶ ❷

用腳走路濺起了塵土

我徒我御，我師我旅——《詩經》

　　「徒」是最有意思的漢字之一，而且義項繁多，直到今天大都還在使用。

　　徒，甲骨文字形❶，這是一個會意兼形聲的字。說它會意，上面是土，旁邊的兩點是揚起的塵土，下面是腳，整個字形會意為行走；說它形聲，上面的「土」表聲。金文字形❷，變成了左右結構，左邊的偏旁「彳」，讀作「彳」，行走。金文字形❸，下面又添加了一個「止」，「止」就是腳，字形開始變得複雜起來。金文字形❹，更美觀了一些。小篆字形❺，左邊變成了偏旁「辵」，讀作「彳ㄨㄛ、」，忽走忽停或奔走的樣子。楷體字形的右邊乾脆定型為「走」。

　　《說文解字》：「徒，步行也。」這就是「徒」的本義，即徒步行走。《詩經·黍苗》一詩中吟詠道：「我徒我御，我師我旅。」徒即徒步，御是駕車，五百人為旅，五旅為師。這是古代士兵出征的情形。

　　今天「徒步」一詞的意思就是步行走路，不管是有車階級還是無車階級，只要步行走路一概稱「徒步」，古代可不一樣，「徒步」是平民的專稱，古代的平民外出沒有車，故稱「徒步」。漢武帝時期的大臣公孫弘，年輕時家裡貧寒，靠著幫人在海邊養豬維持生計，七十多歲時被漢武帝拜為丞相並封侯。公孫弘認為自己「起徒步」，平民出身，卻榮登高位，因此專門蓋了一座別

③　④　⑤

墅，用以延攬同樣「徒步」的賢士。既然「徒步」就是沒有車坐，因此古代的步兵也稱「徒步」。「我徒我御」中的「我徒」即指步兵。

步兵眾多，因此「徒」引申為眾多的人；步兵為一個戰鬥單位，因此「徒」又引申為同一類或同一派別的人，比如徒黨、教徒、僧徒等稱謂，門徒、徒弟的稱謂也是由此而來。

《周禮》中說：「凡害人者，弗使冠飾而加明刑焉，任之以事而收教之，能改者，上罪三年而舍，中罪二年而舍，下罪一年而舍。」這就是後世所說的「徒刑」，將罪犯拘禁於一定的場所，剝奪其自由並強制勞動，不讓其戴身分象徵的帽子，把罪狀寫在板上，並固定在犯人的背上，以示懲罰，這叫「明刑」，彰明其刑罪。「徒刑」之名始於北周，列入五刑之一。既為拘禁服勞役，當然只能徒步而為，故稱「徒刑」，同時也是地位低下的意思，甚至有學者把「徒」解釋為：「徒者，奴也。蓋奴辱之，量其罪之輕重，有年數而舍。」

「徒」的本義既為步行，那就是不借助於任何工具比如車馬而行走，由此引申出空的義項，比如「徒手」意思是空手，「徒有虛名」意思是空有名聲，沒有樂器伴奏的歌稱作「徒歌」。

「徒」還當作副詞使用，獨、僅僅、徒然、枉然，也都是由此引申而來的，比如「徒慕君之高義」，獨獨仰慕君之高義，「老大徒傷悲」，年老了徒然傷悲，等等。

❶ ❷

竟然用三隻腳奔跑

余必使爾罷於奔命以死──《左傳》

奔跑的「奔」，金文字形❶，這是一個會意字，上面是一個甩動手臂的人，下面是三隻腳。三隻腳並不表示這個人長了三隻腳，而是表示他跑得很快，腳步移動的幅度看起來就像有很多隻腳一樣。金文字形❷，這個人的手臂伸展得更開了。金文字形❸，在這個人的左邊又添加了一個「彳」，也是表示在路上行走的意思，但純屬畫蛇添足，都有三隻腳了還不夠？估計是造出這個字形的人還想要跑得更快一些，因而表達自己的急切心情。小篆字形❹，雖然沒有金文字形形象，但還是能夠看出來奔跑的樣子，不過下面的三隻腳變形得很嚴重，竟然偽變成了三棵草！這就直接訛變出了楷體字形的「奔」，下面的「卉」就是三棵草的形狀，本來是人用腳奔跑，卻變成了人在草地上奔跑，真是有趣！

《說文解字》：「奔，走也。」《爾雅》中列舉了走和跑的各種用字區別：「室中謂之時（待），堂上謂之行，堂下謂之步，門外謂之趨，中庭謂之走，大路謂之奔。」在大路上才能跑得起來，因此「奔」的本義就是快跑，引申為「凡赴急曰奔，凡出亡曰奔」，趕赴急事和逃亡都要跑得飛快。

有趣的是「私奔」一詞，指女子沒有經過正式的結婚禮節，而私自去與男人結合。當作這個義項使用的「奔」字實在太具象了！司馬相如琴挑卓文君，挑動了

**❸**

**❹**

文君的芳心之後，「文君夜亡奔相如」，不光逃到司馬相如身邊，還要在夜裡逃跑，此之謂「奔」也！周代有媒氏這一官職，掌管男女婚姻，「仲春之月，令會男女，於是時也，奔者不禁」，意思是這時候男女相會，不必準備納采、問名、納吉、納徵、請期、親迎這六種婚姻過程中的禮節，因此由「奔」引申出嫁娶而禮不備的意思。

「奔命」一詞本來指奉命奔走，因此「疲於奔命」這個成語的意思原指因受命到處奔走而筋疲力盡，後來泛指忙於奔走應付，弄得非常疲勞。這個成語最早寫作「罷於奔命」，「罷」和「疲」是通假字，出自《左傳‧成公七年》。

春秋時期最美麗的女人夏姬被楚國擄走後，楚國大臣子反想納她為妾，但是被另一位同樣覬覦夏姬美色的大臣巫臣設計阻止了。後來，巫臣帶著夏姬投奔晉國，子反大怒，請求楚共王用重金厚賂晉臣，阻斷巫臣的仕途。楚共王是個明白人，說了這一篇大道理：「巫臣為先君盡忠多年，現在雖然因為一己之私犯下大錯，但也屬人之常情。況且如果他的才能確實能有利於晉國，即使重金厚賂也沒有什麼用啊！」

子反哪能嚥下這口惡氣，遂聯合同樣與巫臣有隙的子重，滅了巫臣留在楚國的族人。巫臣大怒，從晉國寄了一封信給二人，立下重誓：「余必使爾罷於奔命以死！」於是巫臣帶著晉國軍隊到達楚國的盟國吳國，教吳國射術和戰陣，自此吳國才開始四處征伐，首先伐的就是楚國；而子重、子反「一歲七奔命」，累都累死了，果然應驗了巫臣「疲於奔命」的重誓。

通俗水滸傳豪傑百八人之内
豹子頭林冲

《通俗水滸傳豪傑百八人之內・豹子頭林沖》（通俗水滸伝豪傑百八人之內・豹子頭林沖）
歌川國芳繪，約1845年至1850年間

　　歌川國芳（1798~1861），號一勇齋、朝櫻樓，是浮世繪歌川派晚期大師之一。他擅長武者繪、貓繪、鬼怪畫，風格新奇大膽。一八二七年，他開始創作著名的《水滸傳豪傑百八人》系列，勾畫細膩，色彩濃烈，個性生動，極受歡迎。這一幅畫的是豹子頭林沖，他披頭散髮，神情悲憤，手持長矛，正欲衝入眼前的大風雪中。

　　林沖原為東京八十萬禁軍槍棒教頭，身長八尺，生得豹頭環眼，燕頜虎鬚，人稱豹子頭，因使丈八蛇矛，又喚「小張飛」，重情仗義，武功蓋世。人生正值春風得意，卻因得罪高俅，刺配滄州（編註：刺配，在罪犯臉上刺字，並送往遠方充軍）。之後，林沖屢被陷害，回京夢斷，憤而發狂暴走，怒殺官差，在風雪中上梁山。

　　這一段情節編入戲曲中，便是著名的《林沖夜奔》。「按龍泉血淚灑征袍，恨天涯一身流落。專心投水滸，回首望天朝。急走忙逃，顧不得忠和孝。」這一夜英雄落魄，亡命奔逃，風聲鶴唳，堪稱《水滸傳》中最令人難忘的一幕。

**一步兩腳印**

拾級聚足．連步以上——《禮記》

今天人們掛在嘴邊的一步、兩步、步行等常用語，無非是泛泛而言，但古人造字，一字一義，精準到令今人無法想像的程度。

步，甲骨文字形❶，向上的這一撇表示大腳趾，因此這是兩隻左腳。可是，兩隻左腳怎麼能夠一前一後行走呢？因此有人認為這是卜辭初創時期的不成熟寫法，但甲骨卜辭中有好多例這樣的寫法，古人再粗心也不會連腳的方向都弄反吧？那麼兩隻左腳的寫法一定有其原因，容後詳述。

步，甲骨文字形❷，上面一隻左腳，下面一隻右腳，這是卜辭中最常見的寫法。甲骨文字形❸，兩旁添加的字元表示十字路口，人在路上行走。金文字形❹，腳掌填實，寫這個字的人一定富有童趣！金文字形❺，有沒有感覺是很胖的兩隻腳？小篆字形❻，定型為上下兩個「止」，「止」就是左腳的象形，下面則是倒寫的「止」，因此絕不能多一點誤寫成「少」。

《說文解字》：「步，行也。」用兩隻腳一前一後來表示行走之意。古人造字之精細就在這裡呈現出來了：一定要兩隻腳都邁出去才能叫「步」，因此「步」的字形中才會有兩隻腳；只邁出一隻腳稱「跬（ㄎㄨㄟˇ）」。換句話說，我們現在說的一步，古代稱「跬」；現在說的兩步，古代才稱「步」。因此，今天的日常俗語「一步

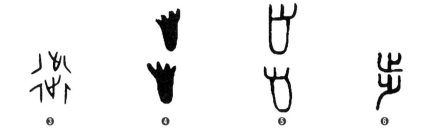

③　　　　④　　　　⑤　　　　⑥

一腳印」其實是錯誤的，正確的說法應該是「一步兩腳印」。

這是日常生活中的「步」；去別人家裡做客，要登臺階進入堂中，登階之禮則又不相同。這一登階之禮就是人們熟知的「拾級而上」。《禮記．曲禮上》記載：「主人與客讓登，主人先登，客從之，拾級聚足，連步以上。」其中「讓」指主客相互揖讓。

什麼叫「拾級聚足」？鄭玄注解說：「『拾』當為『涉』，聲之誤也。級，等也。涉等聚足，謂前足躡一等，後足從之並。」前腳踏上一級臺階，後腳跟著也踏上同一級臺階，兩腳相並。什麼叫「連步以上」？鄭玄注解說：「謂足相隨不相過也。」後腳緊隨前腳，不能超過前腳，如此一級一級上堂。

「拾級」之「拾」，今天注音為ㄕˊ，就是根據鄭玄的注解而來。不過，顏師古在《匡謬正俗》中寫道：「拾者，猶言一一拾取。」這一解釋更為合理，所謂「拾級」，就是將面前所登的臺階一級一級地拾取，多麼具象！

由於「拾級」是古時特有的登階之禮，因此只能說「拾級而上」，不能想當然地說「拾級而下」。

現在就可以明白了：甲骨文字形❶中兩隻同方向的腳，描述的正是「拾級而上」的登階之禮。走路的時候，每邁出一隻腳，都在另一隻腳的前面，但登階之禮要求的卻是兩腳必須相並。一隻腳登上臺階，另一隻腳併攏，對登階而言，仍然還處在同一層臺階之上；只有再抬起一隻腳登上上面一層臺階，才算是登上兩層臺階，完成「一步」，這就是「聚足」之後「連步以上」的道理。

❶                    ❷

# 涉

## 腳趾頭朝上蹚水而過

涉獵閱舊聞，暫使心魂澄──司馬光

涉，甲骨文字形❶，這是一個會意字，字形不僅具象且非常美麗：中間是河流，上下是兩隻腳。甲骨文字形❷，中間是河流，左右是兩隻腳，甚至還能很明顯地看出來腳趾頭朝上，一前一後蹚水而過。金文字形❸，接近甲骨文。金文字形❹，渡完了右邊的河流，左邊還有一條河流在等著。小篆字形❺，字形規範化，兩邊的河流夾著中間的兩隻腳。小篆字形❻，省去一條河流，右邊簡化成了「步」，還是上下兩隻腳。

《說文解字》：「涉，徒行厲水也。」《爾雅・釋水》：「由膝以上為涉。」因此，「涉」的本義是不借助舟船等物徒步蹚水過河。「跋」是翻山越嶺，跟「涉」組詞為「跋涉」，就是跋山涉水的意思。由「涉」的本義引申出經歷、進入等義項。這裡重點講解一下「涉」的遠引申義──閱覽。用作「閱覽」之意的時候，常常組詞「涉獵」，指讀書治學或者學習其他技能時只作浮淺的閱覽或探索，不求深入研究掌握，也用來形容閱讀面廣博，比如司馬光的詩：「涉獵閱舊聞，暫使心魂澄。」

「涉」為什麼能夠和「獵」組成一個詞呢？

「涉獵」一詞在漢代時就已經使用了。賈山是漢文帝時期的大臣，是一名諫官，曾經寫了一篇〈至言〉，以秦代亡國的教訓為喻，向漢文帝進諫治亂之道。不過，《漢書》對他的評價卻是：「所言涉獵書記，不能為

③　　　　④　　　　⑤　　　　⑥

醇儒。」此處「醇儒」指那些學識精粹純正的儒者。

　　顏師古注解「涉獵」一詞為：「涉若涉水，獵若獵獸，言歷覽之不專精也。」揣摩顏師古的意思，無非是說涉水僅僅從水中經過而已，不可能詳細深入瞭解水面下的情況；打獵的時候，眼睛也只不過盯著獵捕的對象，不可能詳細深入瞭解山林中的情況。因此說「歷覽之不專精」，遊歷觀覽僅止於浮皮潦草，不能專精。

　　唐人張泌所著《妝樓記》一書記載：「徐州張尚書妓女多涉獵，人有借其書者，往往粉指痕並印於青編。」張建封是唐德宗時期的尚書，他的家妓都很有學問，喜歡看書，把張建封的藏書全都「涉獵」一遍，以至於別人借走張建封的書時，經常會發現上面有粉指沾染的痕跡。「青編」是「青絲簡編」的略語，用青絲串連起來的竹簡書，泛指書籍。唐代的妓女真是風雅，千載之下思之，猶令人嚮往不已。

　　呂蒙年輕時不愛讀書，當上吳國的將軍後，有一次孫權對他說：「如今你已經管事了，要多讀讀書。」呂蒙以軍務繁忙推脫，孫權正色說道：「孤豈欲卿治經為博士邪！但當涉獵，見往事耳。卿言多務，孰若孤！孤常讀書，自以為大有所益。」呂蒙聽從了孫權的勸告，開始苦讀，日積月累，讀過的書甚至超過了那些宿儒。多年之後，魯肅再一次見到呂蒙，交談之後，大吃一驚，親切地拍著他的背說：「卿今者才略，非復吳下阿蒙！」呂蒙回應道：「士別三日，即更刮目相待。」二人從此結為好友。從這個關於「涉獵」的故事中，還誕生了兩個成語：吳下阿蒙、刮目相看。

❶

❷

## 達

### 趕著羊輕捷地行走

下有一條路，通達楚與秦——白居易

「達」這個字的造字思維非常有意思，先看甲骨文字形❶，左邊是「彳」，行走，右邊是人和腳，會意為人在路上行走。金文字形❷，腳移到了「彳」的下面，右邊上面是人形的「大」，下面是一隻羊，會意為人趕著羊在路上順暢地前行，或者人像羊一樣輕捷地在路上行走。金文字形❸，腳移到羊的下面。小篆字形❹，字形規範化了。楷書字形❺，直接從小篆字形演變而來。

《說文解字》：「達，行不相遇也。」在路上行走而不能互相遇見，可見道路因寬闊而通達，能夠供人順暢地前行。許慎認為這是一個形聲字，是從小篆字形得出的，但是從金文字形來看，會意字更為合理。《字林》的解釋更有意思：「達，足滑也。」走路就像雙腳油滑一樣快，可以想像一下小羊在路上輕捷蹦跳的樣子。

「達」既然是通達的意思，那麼就可以引申為道路。古人對道路的區分非常詳細，《爾雅‧釋宮》中有詳細的對道路的命名，這些命名就是以「達」為單位，指暢通的道路。「一達謂之道路，二達謂之歧旁，三達謂之劇旁，四達謂之衢，五達謂之康，六達謂之莊，七達謂之劇驂，八達謂之崇期，九達謂之逵。」

「一達」即一條道路，故做為道路的總稱；

「二達」叫「歧旁」，歧道旁出，即雙岔路；

「三達」是指三面相通的道路，因為旁出的歧路更

③

④

⑤

多，故曰「劇旁」；

「四達」叫「衢（〈ㄩˊ）」，通往四方的道路；

「五達」叫「康」，指通達五方的大路；

「六達」叫「莊」，指通達六方的大路；

「七達」叫「劇驂」，三條道路交會，旁出一條歧路，故稱「劇驂」，指通達七方的大路；

「八達」叫「崇期」，「崇」通「充」，充滿，「期」的本義是約會、會合，「崇期」指通達八方的大路，因為道路多又四處通達，人充滿其上就像在上面會合一樣，故稱「崇期」；

「九達」叫「逵」，指通達九方的道路，只是今天已經不知道如何算是通達九方了。

白居易有詩曰：「高高此山頂，四望唯煙雲。下有一條路，通達楚與秦。」其中「通達」即暢通的道路，這句詩最符合「達」字的本義。也因此有「四通八達」、「六通四達」等成語。同時，其中的「五達」和「六達」又組合成「康莊大道」這個成語，統一形容四通八達的道路。白居易〈和松樹〉詩中有這樣的詩句：「漠漠塵中槐，兩兩夾康莊。」路旁的槐樹相夾的就是「康莊大道」。

「達」的一切引申義，比如通曉事理、薦舉，比如當作「把意思表達出來」講的「詞不達意」，比如顯達，都是從本義引申而來。

① ②

# 休

## 靠著樹在樹蔭下歇息

南有喬木‧不可休思——《詩經》

「休」這個字的義項多又豐富，但本義卻很簡單。

休，甲骨文字形❶，這是一個會意字，右邊是一棵樹（木），左邊是一個面朝左而背靠著樹的人，會意為人依傍著大樹休息。金文字形❷，人靠著大樹的樣子更加具象。小篆字形❸，與甲骨文、金文相比變化不大。

《說文解字》：「休，息止也，從人依木。」唐代字書《五經文字》說：「休，像人息木陰。」這是對「休」字字形更準確的解釋。《詩經‧漢廣》：「南有喬木，不可休思。」南方有高大的樹木，因為高大而沒有樹蔭，無法在下面休息。請聯想一下「休」字的字形，〈漢廣〉中這位勞累的行人遇到的偏偏是高大無蔭的樹木，真是鬱悶！

由「休」的本義可以引申出停止、辭職、解除婚姻、休假等義項。更有趣的是，人休息的時候身心放鬆，沒有那麼多的思慮，盡情享受著閒暇時光，因此「休」又可以引申出美好、喜悅、吉祥、悠閒等義項。比如《周易》：「君子以遏惡揚善，順天休命。」順從天子美善的詔命。又比如《詩經‧菁菁者莪》：「既見君子，我心則休。」見到了那位君子，我心中喜悅。還有休戚與共、休戚相關的成語，「戚」是憂愁，「休」是喜樂，形容同甘共苦。

古代的休假制度稱作「休沐」，沐是洗頭髮，「休沐」

❸

的意思就是放假回家，休息洗頭髮。鮮為人知的是，五天工作制早在漢代就開始施行了。《漢律》記載：「吏五日得一休沐。」工作五天，可以回家休息，整理一下個人衛生。《史記‧高祖本紀》則記載：「高祖五日一朝太公，如家人父子禮。」貴為漢高祖的劉邦也照例遵循五天工作制，工作五天之後，放假一天，回家去探望一下自己的父親。

　　五天工作制一直延續到唐代，唐代則有所改變，稱作「旬休」，即每十天休假一天。「唐法，旬休者一月三旬，遇旬則休沐，即十日一洗沐也。」也就是說，每月的初十、二十和月底各休假一天，施行的是十天工作制。宋朝官吏的休假制度更加寬鬆，全年的實際休假達到九十八天。明清時期的休假制度則變化較大，休假的時間越來越短，但是工作效率卻未必能夠提高。古時還有丁憂制度，這是為父母守喪的制度。父母死後，子女要守喪三年，不得做官，不得婚娶，不得赴宴，不得應考。

　　「退休」一詞始見於唐代。韓愈〈復志賦序〉：「退休於居，作〈復志賦〉。」《禮記‧曲禮》規定：「大夫七十而致事。」白居易有詩〈不致仕〉曰：「七十而致仕，禮法有明文。」致事也叫致仕，就是退休的意思，是指把做官的祿位還給國君，即退休之意。明清兩代則規定：「文武官六十以上者，皆聽致仕。」跟今天的退休年齡一樣。

〈琉璃堂人物圖〉（局部）

（舊傳）五代南唐周文矩繪，南宋佚名摹本，

絹本設色，美國大都會藝術博物館藏

　　周文矩，生卒年不詳，五代南唐畫家，建康句容（今屬江蘇句容）人。工仕女人物，兼擅樓觀、山林、泉石及道釋人物，仕女人物畫尤為著名，風格近於唐代周昉而更為纖麗。

　　〈琉璃堂人物圖〉畫的是唐代詩人王昌齡與其詩友李白、高適等在江寧縣丞任所琉璃堂廳前舉行文會的情景。原畫已佚，這幅是宋代摹本。這段畫面上，一人憑曲松，似沉吟欲語；一人據湖石，左手執卷，右手秉筆，正支頤凝思。旁有童子磨墨。圖左二人坐石上，共執卷，一人指文而讀，一人仰面而若有所思。人物皆著唐衣冠，據說倚石構思的文士就是李白。全圖著色淡雅，格調清逸，衣紋用筆頓挫轉折有顫動之意，此即周文矩首創的「戰筆」水紋描。歷代文士皆熱衷於「雅集」，時任江寧縣丞的王昌齡在其任所舉辦這樣的詩友聚會，肯定要挑個「休沐」的日子。憑曲松而立者似為「休」字現身說法呢。

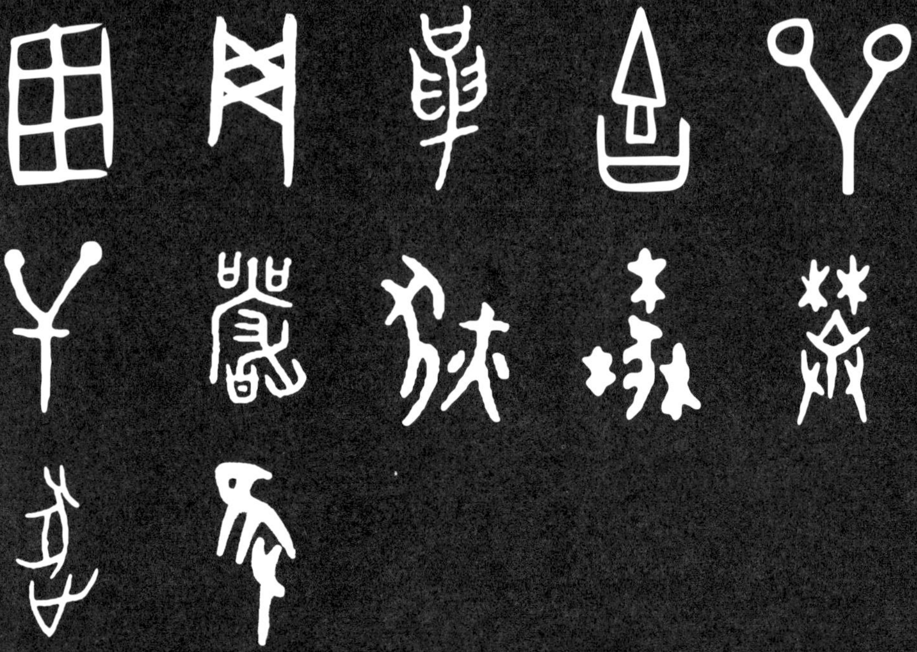

狩獵篇

❶

❷

## 區域鮮明的狩獵場所

叔于田‧乘乘馬——《詩經》

　　田地，田野，還有哪個字比「田」字的義項更清晰呢？即使從今天的字形來看，這個字也像極了塊狀的田地。但是，古人的生活遠比我們的想像要豐富得多，「田」就是一例。

　　田，甲骨文字形❶，很明顯這是一個象形字，大多數學者都認為就是田地之形，四周框住的是田地的四邊，中間的橫豎線條表示田間的小路，即縱橫的阡陌。甲骨文字形❷，中間是兩橫兩豎。甲骨文字形❸，跟今天所用的「田」字一模一樣。金文字形❹，白川靜先生敏銳地觀察到甲骨文的「田」字都呈長方形，而金文的「田」字都呈正方形。小篆字形❺，沒有任何變化。

　　《說文解字》：「田，陳也。樹谷曰田。象四口，十，阡陌之制也。」張舜徽先生說：「樹谷之田鱗次比列，阡陌相聯，封畛溝洫，有條不紊，故許君直以陳訓田。田、陳古同音，《史記‧田敬仲完世家》云：『敬仲之如齊，以陳字為田氏。』」這段話牽涉田姓的起源。陳國內亂，陳厲公的兒子陳完逃到齊國，齊桓公把他封在「田」這個地方，陳完不願意再以故國為姓，而田、陳在古時同音，遂以封地為姓，改姓田氏。段玉裁則說「取其陳列之整齊謂之田」。

　　那麼，「田」的本義果真是耕種的田地嗎？徐中舒先生提出了不同的見解，他說：「像田獵戰陣之形。古

③　　　　　　④　　　　　　⑤

代貴族有囿以為田獵之所，囿有菁封以為疆界，亦即堤防，其形方，因謂之防。」因此，「田」字的外框就是這種「防」，是為了防止禽獸逃逸出去；「田」字裡面的橫豎線條表示「防內劃分之狩獵區域」。他接著說：「圍場之防，就田獵言，本以限禽獸之足，就封建言，則為封疆之界，故此古代之封疆，必為方形。而殷代行井田制，其井田之形亦必為方形。此井田乃農耕之田，已非田獵之所。後世不知農田阡陌之形初本田獵戰陣之制。」

　　這段話說得很明白，而且遠古人類在農耕之前確實是以狩獵為生的，因此將「田」字釋為田獵之所是最有說服力的，農耕之田不過是後來的引申義。徐中舒先生所說的「古代貴族有囿以為田獵之所」，這個「囿」字，朱熹在《孟子集注》中解釋說：「古者四時之田，皆於農隙以講武事，然不欲馳騖於稼穡場圃之中，故度閑曠之地以為囿也。」但其實是先有狩獵活動，然後才有農耕，朱熹是根據中國古代進入農耕文明之後的情況所做的解說，因而把次序顛倒了。

　　白川靜先生也指出：「甲骨文、金文文獻中，『田』常指田獵。《書經》、《詩經》中亦有『田』義指田獵之用例。」《詩經・大叔于田》是一首描述鄭武公的次子共叔段出行狩獵的宏大詩篇，在每段的開篇吟詠道：「叔于田，乘乘馬。」「叔于田，乘乘黃。」「叔于田，乘乘鴇。」其中，「乘馬」指四匹馬拉的車，「乘黃」指四匹黃色的馬拉的車，「乘鴇」指四匹毛色黑白相雜的馬拉的車。下面還有「暴虎」（空手搏虎）、「射」等場景的描寫，可見「田」就是田獵，用的正是「田」的本義。

〈上林圖〉（局部）

（傳）明代仇英繪，絹本設色長卷，臺北故宮博物院藏


　　〈上林圖〉卷（或名：子虛上林圖、天子狩獵圖）取材自西漢司馬相如的名篇〈上林賦〉，描繪了天子率眾臣在上林苑「田獵」的壯闊場面。整卷分七個段落，卷首是子虛、烏有、亡是三人高談闊論，接著描繪天子園苑之巨麗，繼之天子在車駕儀仗簇擁下出場，轉入校閱士卒在山林間射獵追捕鳥獸的場面。校閱終了，天子與眾嬪妃在高臺上宴樂，忽然省悟不該如此奢侈縱逸，於是罷獵回宮。

　　據載，最初是昆山巨富周鳳來延聘仇英繪此巨幅長卷，做為母親八十大壽的禮物。該畫後來被大量複製，可見其受歡迎的程度。這幅即為摹本之一。畫面用筆工細，設色濃麗，以精謹造型描繪奇花異卉、巍峨宮殿與迤邐人馬，展現天威浩大。上圖選取的是天子校閱士卒獵捕鳥獸的片段，青綠山水，工筆重彩，與漢賦原作之鋪張揚厲相得益彰。

❶　　　　　　❷

# 網

## 兩根棍子夾著中間的網

天網恢恢，疏而不失——《老子》

　　今天我們使用的「網路」，其形象就跟「網」字剛造出來的字形一模一樣。

　　網，甲骨文字形❶，這是一個象形字，兩邊用兩根棍子插在地上，中間是一張網。金文字形❷，加以簡化，中間的網眼空隙很大。小篆字形❸，更像一張張開的漁網。其小篆字形❹，不僅增加了一個「糸」字旁，表示漁網是用「絲」結成的，而且還添加了一個「亡」字表聲，如此一來就變成形聲字，而且字形變得極為繁複。楷書字形❺，把「糸」字旁移到網的外面。簡體字形「网」則又接近「網」字的甲骨文字形。

　　段玉裁注《說文解字》：「網，庖犧氏所結繩以田以漁也。」庖犧氏就是伏羲，是中華民族的人文始祖，相傳他結繩為網，用來捕鳥打獵，並教會了人們漁獵的方法，因此許慎才說「庖犧所結繩以漁」。《周易·繫辭》也有記載：「古者包羲氏之王天下也……作結繩而為網罟，以佃以漁。」罟讀作ㄍㄨˇ，古人分類很細：捕魚的網叫罟，捕鳥獸的叫網。《鹽鐵論》中說：「網疏則獸失。」可以從中看出「網」和「罟」的區別，後來「網」和「罟」都泛指網，沒有這麼詳細的區分了。

　　再仔細區分的話，「網」捕獸，「羅」捕鳥，「羅網」或「網羅」合成捕捉鳥獸的工具。《老子》有名言：「天網恢恢，疏而不失。」上天的羅網廣大無邊，雖然稀疏，

❸ ❹ ❺

但絕不會有漏失，因此「網」又可以引申為法網。我們現在說的「關係網」也是從「網的組織之細密」引申而來的。

商代開國的國君叫湯，是一個仁義之人。有一次外出，他看到野外有人張開四面的網捕捉鳥獸，那人的嘴裡還念念有詞地禱告：「自天下四方皆入吾網。」願天下四方的鳥獸都進入我的羅網。湯覺得這個人太殘忍，於是上前勸道：「你這樣會把鳥獸全捕光的！你撤掉三面網，只用一面也能捕到鳥獸。」那人表示懷疑，湯接著說：「你留下一面網，然後禱告：『欲左，左；欲右，右。不用命，乃入吾網。』鳥獸啊！你想從左邊走就往左邊走，想從右邊走就往右邊走，不聽從我的命令的，就撞進我的網來吧！」於是那人照做了。

天下的諸侯聽說了湯的這件義舉，感動得五體投地，都說：「湯德至矣，及禽獸。」湯的德行真是達到了極點，甚至連禽獸都這麼愛護，真是聖人啊！於是紛紛前來歸順，前後總共有四十六國之多。夏朝在位的國君桀卻是貪酒好色之徒，拿人命當兒戲，又時常剝削民力，使農事荒廢，以至於天怒人怨，老百姓對桀痛恨到了極點，喊出了「時日曷喪，予及汝皆亡！」的最強音。於是湯乃順天命，應人心，討伐夏桀，諸侯歸服，平定海內。後人就用「網開三面」比喻法令寬大，恩澤遍施，能夠給罪犯一條新的出路。

《彩繪帝鑑圖說》之〈解網施仁〉
約十八世紀,法國國家圖書館藏

　　〈解網施仁〉描繪了成湯網開三面,施仁於鳥獸的故事。畫面上,青綠設
色的崇山峻嶺之間,寶藍傘蓋下,著華服的成湯似在拱手禱告或勸解。左邊
山坡上,捕獵的人聽了成湯的勸告,正在解除已經四面圍好的獵網。另有一
些小民俯身叩拜,似感動於成湯的仁德。四匹駿馬拉的車駕連同隨從等候在
一角。

　　《帝鑑圖說》的編者張居正在這個故事後面評論說:「蓋即其愛物,而知
其能仁民,故歸之者眾也。」張居正恐怕絕沒想到,他一心輔佐的少年天子萬
曆皇帝,在他死後兩年就給他扣上「擅權亂政」的罪名,不僅被抄家,府中一
些老弱婦孺也因為來不及退出而被封閉於內,餓死十餘口。這與〈解網施仁〉
的教導何其背向而馳。

❶

❷

# 雙手把獸皮剝下來攤平

湯武革命，順乎天而應乎人——《周易》

　　「革」這個字有兩大類義項：作名詞，比如皮革；作動詞，比如變革。僅僅從字形上來看，根本無法看出它跟這兩大類義項有任何關係，那麼，這個字到底是怎麼造出來的呢？

　　甲骨文中還沒有發現「革」字，金文字形❶，是不是一個很有趣的漢字？左右兩邊是兩隻手，象形特徵一目了然；中間這部分表示什麼？原來，這是一張完整的獸皮，上為獸頭，中為獸體，下面的一橫是常用的指事符號，截然區分開獸尾和獸身。整個字形會意為用雙手將獸皮剝取下來，並攤開展平。

　　曲六乙、錢茀兩位現代學者所著的《東方儺文化概論》一書中，則認為兩邊並非雙手之形，「應為肉，或手與肉。既然兩側是手與肉，則中間應當是鏟。不過，不一定是平頭鐵鏟，更可能是原始的有柄石鏟。因為，那時還沒有鐵」，並進而認為中間下面的一橫乃是「捆綁木柄與石鏟的橫棍」，「由此可見，革與剖獸取皮有關，可以說它是狩獵生產的最後一道工序」。

　　革，小篆字形❷，兩邊的雙手訛變得很厲害，以至於完全看不出造字的本義了。《說文解字》：「革，獸皮治去其毛，革更之。」張舜徽先生在《說文解字約注》一書中進一步解釋說：「純像獸皮首尾四支之狀。今獵人得獸，剝取其皮張之，正此形也。」所從的雙手之形

「則像兩手治之之事。治皮去毛曰革，因之更改亦曰革」。

　　綜上所述，「革」的本義就是攤開獸皮，去毛，加以整治，引申為更改、變更。「革」的這一引申義所引起的最大誤解，體現在人們耳熟能詳的「革命」一詞中。一提起「革命」，人們腦海中立刻就會浮現出殺人流血的恐怖場景，其實大錯特錯。

　　《周易》中有「革卦」，其中寫道：「天地革而四時成，湯武革命，順乎天而應乎人。革之時大矣哉！」

　　孔穎達注解說：「天地之道，陰陽升降，溫暑涼寒，迭相變革，然後四時之序皆有成也。」也就是說，所謂「天地革」，不過是形容陰陽交替，四季變更。「夏桀殷紂，凶狂無度，天既震怒，人亦叛亡。殷湯周武，聰明睿智，上順天命，下應人心，放桀鳴條，誅紂牧野，革其王命，改其惡俗，故曰『湯武革命，順乎天而應乎人』。」也就是說，所謂「湯武革命」，革的是天命，改變的是夏、商的「惡俗」，革的絕不是人命。四季變更是大自然的現象，天命變更則是與之相對應的人間的現象。因此，「革」從無殺掉之意，「革命」也絕非殺人。

　　古人對事物分類之細，也體現在對獸皮的不同稱謂上，現代學者王力先生在《王力古漢語字典》中有詳細的辨析：「去毛的叫革，有毛的叫皮，但『革』也可以指皮……生皮叫革，熟皮叫韋。」

# 立有標誌的陷阱

❶　　　　❷　　　　❸

「吉」大概是引起最多爭議的漢字之一，尤其是甲骨文發現以來，學者們眾說紛紜，迄今未有定論。《說文解字》：「吉，善也。從士口。」為什麼「從士口」就能表達「善」的意思呢？這是沒有見過甲骨文的許慎所無法自圓其說的。我們來看看學者們怎麼解說這個字。

吉，甲骨文字形❶，很明顯這是一個會意字，但是上下兩個字元代表什麼東西，會意的又是什麼意思呢？徐中舒先生在《甲骨文字典》中列舉了前輩學者的幾種解說。

一、「郭沫若以為像牡器。」所謂「牡器」是指雄性生殖器。谷衍奎的《漢字源流字典》就是根據這個觀點總結說：「是容器裡盛有一個士（男性生殖器）形玉器的形象，表示正在舉行一個求福的祭典。俗稱小男孩的生殖器為『吉巴』，可證『士』為雄性生殖器形。」

二、「于省吾嘗謂像勾形，下從之口為筥盧。」所謂「筥盧」是指盛飯器。

三、「吳其昌謂吉皆像一斧一砧之形。」

以上三種解說何以能夠會意為善和吉利之義？頗為牽強。

白川靜先生認為上面「乃小鉞頭刃部向下之形」，鉞是一種類似大斧的兵器，「具有肅清邪惡之力」；下面的口形是「一種置有向神禱告的禱詞的祝咒之器」。整

④　⑤　⑥　⑦

個字形會意為在此祝咒之器上「置放神聖之鉞，用來保護祈禱的效果」，這就叫「吉」。「在鉞的庇護下，祈禱產生積極效果，心願得意實現，人們變得幸福，充滿吉祥，因此『吉』有吉利、幸福、吉慶等義。」

張舜徽先生的解說最為我所信服。他的訓詁方法是吉、凶相對，因此二者的本義相關。「凶像地穿交陷其中，吉之得義，亦適與此相反。」也就是說，「凶」字外面的字元即陷阱之形，陷阱上用樹枝、雜草、泥土遮蓋起來，野獸一踩就掉了進去；裡面的叉形就是樹枝掉進陷阱中的象形。「坑既掩蓋，又恐人行經過誤墮其中，於是為立標識於上，使人覺察而勿近焉，此吉義之所由生也。」據此則「吉」的字形中，下面是陷阱之形，中間的一橫表示掩蓋物，上面的字元「乃所立標識之物所以告人者也。其物或為木牌，或用樹枝，均無不可」。

吉，甲骨文字形❷和❸，上面的東西真像標識之物。金文字形❹，與「凶」字外面的陷阱之形何其相似！金文字形❺，上面訛變為「土」，為「吉」字的定型打下了基礎。金文字形❻，上面訛變為人形。小篆字形❼，張舜徽先生感嘆道：「自篆書過求勻整，變為從士從口，而造字時之原意亡矣。」

掉進陷阱為「凶」，那麼避過陷阱當然為「吉」，這就是「吉」的本義：吉利。「善」只是引申義。《詩經‧野有死麕》篇中的名句「有女懷春，吉士誘之」，「吉」就做為「士」的美稱。「誘」不是引誘，而是引導，此處是指這位「吉士」用白茅包著獵獲的麕（ㄐㄩㄣ，獐子）向懷春的女子求婚。

❶　　　　　❷　　　　　❸

# 像彈弓一樣的狩獵工具

鬼神之祭單席——《禮記》

　　「單」是漢字中爭議非常大的一個字，張舜徽先生在《說文解字約注》一書中總結得很全面：「自來說此字者，言人人殊。孔廣居以為觶之古文，徐灝以為簞之本字，王廷鼎謂為古旃字，謝彥華謂為古鼉字，林義光謂為古蟬字，丁山謂為古干字，馬敘倫謂即古車字，各執所見，莫能定也。」爭議如此之大，那麼「單」一定是個非常有趣的字。

　　單，甲骨文字形❶，很明顯這是一個象形字，下面是丫形的木棍，木棍分叉的兩端綁上兩塊石頭，為原始的狩獵工具，比如「狩」和「獸」的原始字形中就包含有這個字元。即使在今天，孩子們經常玩的彈弓，還與這個字形顯示的工具極其相似。這個字形跟「干」是同源字，因此也用作武器，比如「戰」和「彈」的原始字形中就包含有這個字元。

　　單，甲骨文字形❷，下面添加的一橫表示用繩索綁起木棍。甲骨文字形❸，下面添加的一個方形像用繩索綁縛的另一塊石頭，為的是增加重量和力量。白川靜先生則認為這個字形像「橢圓形盾牌之形。上部插有兩支羽飾。部族不同，盾牌的形狀、模樣、飾物則不同」。甲骨文字形❹，下面石頭中間的一橫就代表繩索。金文字形❺，完全和甲骨文相同。金文字形❻，中間再次強調繩索之形。這個字形真是非常漂亮！小篆字形❼，上

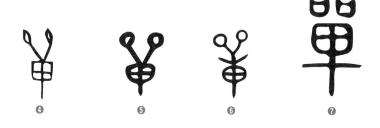

面訛變為兩個「口」。

　　《說文解字》：「單，大也。」段玉裁認為「當為大言也，淺人刪言字」。段玉裁的釋義即是由小篆字形上面訛變而成的兩個「口」而來，這是錯誤的。段玉裁又說：「《爾雅》、《廣雅》說大皆無單，引伸為雙之反對。」同樣牽強附會。「單」的字形就是「一個」捕獵工具，由此引申為單雙之「單」。

　　《尚書・呂刑》中有這一段話：「今天相民，作配在下，明清于單辭。」有人根據許慎「單，大也」的釋義，把「單辭」解釋為大詞，即誇誕之辭。這是錯誤的。孔穎達解釋說：「單辭謂一人獨言，未有與對之人。訟者多直己以曲彼，構辭以誣人，單辭特難聽，故言之也。」訴訟中沒有對質或者沒有證據的單方面言辭叫「單辭」。這段話的意思是：如今上天扶助百姓，國君與上天配合，應當明白清察訴訟中的一面之詞。

　　《禮記・禮器》中規定：「鬼神之祭單席。」古人席地而坐，地上鋪席，富貴者席皆數重，所謂「重茵厚席」，而祭祀鬼神只需一重席即可。孔穎達解釋說：「神道異人，不假多重自溫，故單席也。」鬼神一重席就能保持溫暖，因此不需要多重。

　　我們今天使用的名單、帳單、功能表等稱謂，即是由一重、一層引申而來，指供記錄的一張紙片，合訂而為冊。

　　至於「單位」之稱，原是佛教語，指僧人坐禪之處。《敕修百丈清規》中有「須先歸單位坐禪」的規定，僧人的坐床上貼有自己的名字，一人占一位，故稱「單位」。

## 綁著尖銳石片的狩獵工具

赳赳武夫‧公侯干城──《詩經》

❶

「乾」用於乾濕、乾燥之意,「幹」用於樹幹、枝幹之意,而簡體字將其統一簡化為「干」。不過,「干」字自有其本義。

干,甲骨文字形❶可以看得很清楚,這是一個帶有丫形分枝的工具。徐中舒先生在《甲骨文字典》中有詳細的辨析:「干應為先民狩獵之工具,其初形為丫,後在其兩端傅以尖銳之石片……復於兩歧之下縛重塊……遂孳乳為單……丫、單為一字之異形。」也就是說,這個字形分枝上面的兩個圓點代表「尖銳之石片」,如果兩個分枝的下面再綁縛很重的石塊,就變成了「單」,因此「干」和「單」是同源字,都是狩獵工具。

近代學者楊樹達先生則在《積微居小學述林全編》中說:「像器分枝可以刺人及有柄之形。」也就是說,從狩獵工具而用於戰爭的兵器。

清代學者徐灝和近代學者林義光都認為「干」是「竿」的古字。楊樹達批評說:「不悟竿為竹梃,不得為兵器。」現代學者陸思賢先生在《神話考古》一書中也認為這是一根杆子的象形,不過乃是「最簡化的羊角柱……羊角柱的兩個角端畫圓點,表示眼睛,但已不清楚它原來做為圖騰柱的本義」,他猜測是用於曆法意義上的「立杆測影」。

干,金文字形❷,大同小異。小篆字形❸,上面的

❷

❸

分枝之形有所訛變。《說文解字》:「干,犯也。」「干」的本義是狩獵或進攻所用的武器,引申而為侵犯。有趣的是,「干」由進攻的兵器轉而演變為防禦的兵器,正如西漢學者揚雄所著《方言》記載:「自關而東或謂之瞂,或謂之干。關西謂之盾。」其中的「瞂(ㄈㄚ)」也指盾牌。

《詩經‧周南》中有一首名為〈兔罝〉的詩篇,「兔罝(ㄐㄩ)」即捕兔之網。第一章吟詠道:「肅肅兔罝,椓之丁丁。赳赳武夫,公侯干城。」現代學者馬持盈先生在《詩經今注今譯》一書中的白話譯文為:「把嚴密的兔罝撒開,用木橛把它釘在地上,可以捕獲兔子,就好像赳赳的武夫,可以防禦外患,做公侯的干城似的。」

干城,孔穎達注解說:「言以武夫自固,為扞蔽如盾,為防守如城然。」而「干」就是揚雄所說的盾牌,「干城」即防禦的盾牌和城牆。

不過,東漢學者何休在為《春秋公羊傳‧定公十二年》所做的注中,還有這樣的釋義:「天子周城,諸侯軒城。軒城者,缺南面以受過也。」意思是說:天子有四面城牆,諸侯則缺其南面,稱為「軒城」,表示隨時受過。清代學者馬瑞辰在《毛詩傳箋通釋》中認為「干城當即軒城之省」。

但〈兔罝〉一詩以「肅肅兔罝,椓之丁丁」的打樁設網狩獵的行為起興,接著引出「公侯干城」的讚美之辭,正對應「干應為先民狩獵之工具」的判斷,因此,對於「干」的本義,這首詩是一個極佳的佐證。

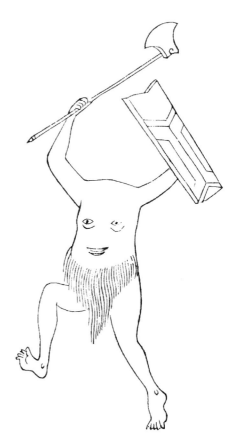

《山海經廣注》插圖「刑天」
清代吳任臣注，金閶書業堂藏版，
清乾隆五十一年刊本

　　《山海經》全書十八卷，是一部記載中國古代神話、地理、植物、動物、礦物、物產、宗教、醫藥、民俗、民族的著作。《山海經》成書非一時，作者亦非一人，大約是從戰國初年到漢代初年由楚人所作，到西漢校書時合編在一起。

　　吳任臣，清代學者兼藏書家，仁和（今浙江杭州）人。吳任臣的《山海經廣注》，引書目五百三十多條，於名物訓詁、山川道里，皆有所訂正，其中插圖按神、獸、鳥、蟲、異域分類，一神一圖，無背景，線條粗糙，但注重眼睛的描繪，比其他版本的插圖顯得雅潔。這幅描繪的是《海外西經》中的「刑天」，書中記載：「刑天與帝爭神，帝斷其首，葬之常羊之山，乃以乳為目，以臍為口，操干戚以舞。」畫面上，刑天沒了頭顱，一手持斧（戚），一手持盾（干），似乎正在與看不見的敵人猛烈廝殺。陶淵明的詩作〈讀山海經〉：「刑天舞干戚，猛志固常在。」讚頌刑天雖然失敗，仍然戰鬥不已，是中國傳統文化中僅見的一個悲劇性戰神形象。

## 嚴

在岩石眾多的山間大聲吆喝著捕獵

❶　　　　　❷

　　清代學者梁章鉅在《稱謂錄》中寫道：「《易·家人》『有嚴君焉』，今對人自稱其父曰『家嚴』，蓋本於此。」「嚴君」的稱謂出自《周易·家人》：「家人有嚴君焉，父母之謂也。」本來是對父母的通稱，但因為古人有父嚴母慈的觀念，因此「嚴君」、「家嚴」後來專指父親。那麼，「嚴」這個字是怎麼造出來的，為什麼可以做為父親的尊稱呢？

　　嚴，金文字形❶，可以看得很清楚，下面是「敢」。「敢」的本義是「雙手持干刺豕」的勇敢舉動。「敢」上面的字元，小篆寫作「厂」，乃是山崖之形，但仔細研究金文字形，卻並非「厂」。復旦大學裘錫圭教授認為是「人」的變形，上面的兩個「口」則表示很多張嘴，意為「多言」，也就是話多。

　　這幾個字元組合在一起，到底表達的是什麼意思呢？我認為這是古時獵獲野豬場景的生動呈現：一人或多人手持「干」形器具刺擊野豬，其他人則分散在四處，大聲吆喝，把亂竄的野豬驅趕到包圍圈中。「嚴」的上面加個「山」是為「巖」，表示在岩石眾多的山間捕獵。獵獲野豬，或當作肉食，或馴化為家豬，這一幕場景經常出現，因此才以此造字，引申而指事態緊急、嚴厲，再引申而用來形容威嚴之態，可比擬於父親。

　　嚴，金文字形❷，大同小異。金文字形❸，上面是

③

④

三個「口」，更體現出「多言」之意。正如對「敢」字的誤解一樣，白川靜先生同樣錯誤地釋義為：「『厂』形示山崖。『敢』表示用杓舀取鬯酒（祭神用的香酒）清祓祭壇。人們相信，神靈居住於巉岩之處。山岩前放置兩個口（一種置有向神禱告的禱詞的祝咒之器），畢恭畢敬地舉行招神儀式，謂『嚴』，有恭敬、嚴謹、莊嚴、威嚴、嚴格等諸義。舉行儀式的場所稱『巖』。」

嚴，小篆字形④，許慎根據這個字形在《說文解字》中釋義為：「嚴，教命急也。」意思是訓誡、命令非常緊急。張舜徽先生在《說文解字約注》一書中解釋說：「命自上頒，不容怠緩也。故嚴字自有高義尊義。」如上所述，這並非「嚴」的本義，而是引申義。

「嚴」還有一個十分有趣的通假字「儼」，今天還常常使用「儼然」一詞，意思是好似、很像。這一義項也是從對父親的尊稱而來。郭沫若先生在《金文叢考》中有詳細的解說：「《孝經·聖治章》：『孝莫大於嚴父，嚴父莫大於配天，則周公其人也。昔者周公郊祀後稷以配天，宗祀文王於明堂以配上帝。』邢昺注嚴父為『尊嚴其父』……《釋文·釋言語》：『嚴，儼也，儼然人憚之也。』靈魂不滅，儼然如在，故謂之嚴。嚴父者，神其父也。」

父親雖已身故，但靈魂不滅，就好像還活著一樣，子女仍然還要又敬又怕。「嚴父」即是這一神化的稱謂。

❶　　　　　❷

「狄」即北狄，是中原地區以北諸民族的總稱，有五狄、六狄、八狄等不同歷史時期的分類。東漢學者應劭在《風俗通義》（佚文）中記載了五狄的名稱：「北方曰狄者，父子叔嫂，同穴無別。狄者，辟也，其行邪辟。其類有五：一曰月支，二曰穢貊，三曰匈奴，四曰單于，五曰白屋。」

所謂「父子叔嫂，同穴無別」，是指父子、兄弟同妻的現象，即《史記·匈奴列傳》中的記載：「父死，妻其後母；兄弟死，皆取其妻妻之。」這本是原始社會特有的婚姻形式之一種，中原地區只不過文明化的程度較早，就以「禮義」自居，視文明開化較晚的周邊民族為「邪辟」。

狄，甲骨文字形❶，左邊是一條看起來非常兇猛的大狗，右邊是一個「大」，「大」即正面站立的人形。這個字形的意思是一個人帶著一條狗。金文字形❷，左邊還是狗，右邊變成了「亦」字。「亦」是在正面站立的人形兩旁添加了兩點，表示這是人的腋下，是「腋」的本字，因此這個字形的右邊仍然指人。金文字形❸，小篆字形❹，右邊皆訛變為「火」，這也就是我們今天所使用的「狄」字。

徐天字先生在〈「夷」、「狄」、「戎」字例解釋〉一文中，根據這個字形認為：「『狄』字在古代指少數民族

❸ ❹

地區的一種紅毛猛犬，從『火』應是指示牠的皮毛色澤如同火一樣……在狄的族稱出現以後差不多一百年間，又出現了赤狄、白狄、長狄等許多稱號，可見用猛獸『狄』稱呼少數民族，既生動表明了其剽悍、勇猛的性格，又帶有中原地區對外族的蔑視。」

這一說法不符合「狄」的字形演變的軌跡。「火」不過是「大」或「亦」，也就是正面站立的人形的訛變而已。

《說文解字》：「狄，赤狄，本犬種。狄之為言淫辟也。」南宋文學家戴侗則解釋說：「戎狄之人，生於深山貙虎之鄉，故狄、貊、玁狁，從犬從豸；蠻越之人，生於蟲蛇之鄉，故閩、蠻、巴蜀，皆從蟲；猶荊楚以草木名也。」

「貙（ㄔㄨ）」是一種似狸而大的猛獸；「貊（ㄇㄛˋ）」是一種像熊的猛獸，五狄之一的穢貊即以此命名；「玁狁（ㄒㄧㄢˇ ㄩㄣˇ）」也是北狄的一支；「豸（ㄓˋ）」本指狸、虎之類的長脊獸，後引申為體長而無腳的蚯蚓之類的爬蟲。

張舜徽先生在《說文解字約注》一書中，有力地駁斥了這種基於華夷之辨的錯誤觀點：「北人多事遊獵，故狄字從犬，謂常以犬自隨也。此猶西方安於畜牧，故羌字從人從羊耳。許書沿襲俗論，以犬種釋狄，固已大謬；又申之以淫辟義，尤為無據。」

綜上所述，「狄」字的本義就是：北方的遊牧民族總是帶著兇猛的獵犬，因為獵犬乃是遊牧生活中最重要的助手和夥伴。

《禮記・王制》中描述說：「北方曰狄，衣羽毛穴居，有不粒食者矣。」正是遊牧民族的習性。《大戴禮記・千乘》中也描述說：「北辟

之民曰狄，肥以戾，至於大遠，有不火食者矣。」其中「肥以戾」是個很有趣的說法，肉食者肥，「戾（ㄌㄧˋ）」則形容兇猛，這正是遊牧民族的特點。

這就是北方民族之所以稱「狄」的來歷，只不過是遊牧生活的如實寫照，最初並非蔑稱。

〈元世祖出獵圖〉
元代劉貫道繪，絹本設色，
臺北故宮博物院藏

劉貫道，生卒年不詳，字仲賢，中山（今河北定縣）人，約元世祖至元年間（1264~1294）在世，元初宮廷畫家。兼善道釋、人物、鳥獸、花竹、山水，堪稱一時高手。

〈元世祖出獵圖〉作於一二八〇年，描繪了元世祖一行赴塞外戈壁狩獵的情景。畫中黃沙浩瀚、朔漠無垠，遠處沙丘外正有一列駱駝馱隊橫越。近處人騎數眾，或張弓射雁，或手架獵鷹，或馬馱文豹，皆為馬上行獵之狀。居中身著紅衣白裘、騎乘黑馬者，應為元世祖，與其並駕的婦女，似為帝后。侍從中有中亞黑奴一名。元代多民族雜居共處，由此作亦可見一斑。此時，遠方天際飛來兩隻鴻雁，畫面左側一騎士旋身彎弓，蓄勢待發。眾皆注目。一隻極瘦而矯健的黃色獵犬在眾騎中逡巡，連牠也回頭張望。

馴獸是遊牧民族圍獵過程中必不可少的狩獵助手。這幅出獵圖描繪的狩獵隊伍中，兩位蒙古騎士右手架鷹，一胡族騎士馬馱文豹，再加一隻獵犬相從，可以說裝備十分完整。

**莽**

狗在又密又深的草叢裡奔逐

苦子為禾・耕而鹵莽之——《莊子》

❶　　　　❷

「莽」這個字今天使用最多的義項是鹵莽（同魯莽）、莽撞，形容人做事粗率、冒失，相信讀者的腦海中立刻就會浮現出一個「莽漢」的模樣。但其實這個字剛造出來的時候，形容的不是莽漢，而是「犬」。

莽，甲骨文字形❶，中間是「犬」，犬的身邊是三棵草，表示犬在草叢裡奔逐。甲骨文字形❷，大同小異。金文字形❸，變成上下結構，也更為規範。小篆字形❹，用四棵草圍住了一隻犬。今天使用的「莽」字，下面的「廾」是草形的訛變。

《說文解字》：「莽，南昌謂犬善逐兔草中為莽。」段玉裁注解說：「此字犬在中，故稱南昌方言說其會意之旨也。引申為鹵莽。」張舜徽先生在《說文解字約注》一書中進一步解釋說：「犬逐獸草中，奔突躁率，草為之亂。故今語稱人之言動粗率者曰莽撞，猶鹵莽也。」

揚雄在《方言》中記載：「草，南楚、江、湘之間謂之莽。」因此，「莽」的本義即指密生的荒草或草木深邃之處，之所以用犬來會意，不過是形容荒草又密又深，犬或其他野獸在其中奔突（編註：指橫衝直撞地奔馳），不容易找到路而已。《左傳・哀西元年》有「暴骨如莽」的描述，杜預注解說：「草之生於廣野，莽莽然，故曰草莽。」士兵的屍骨來不及掩埋，暴露在野外，就像密密麻麻的荒草一樣。

❸ ❹

　　那麼，為什麼要用「鹵莽」來組詞呢？看看「鹵」字就明白了：裡面的×形和四個黑點像鹽粒的形狀，外面是盛鹽的器具，因此「鹵」的本義即產鹽之地；而鹽鹼地上是長不出農作物的，只能長荒草，鹽鹼地上的荒草就叫作「鹵莽」。

　　揚雄所作的〈長楊賦〉中吟詠道：「夷坑谷，拔鹵莽，刊山石。」唐代學者李善注解說：「鹵莽，鹵中生草莽也。」這是描述漢武帝出兵攻打匈奴的情形：平坑谷，拔荒草，削山石。

　　莊子在〈則陽〉篇中講過一個故事：「長梧封人問子牢曰：『君為政焉勿鹵莽，治民焉勿滅裂。昔予為禾，耕而鹵莽之，則其實亦鹵莽而報予；芸而滅裂之，其實亦滅裂而報予。予來年變齊，深其耕而熟耰之，其禾蘩以滋，予終年厭飱。』」

　　「熟耰（一ㄡ）」指反覆耕作。長梧這個地方守護封疆的人對子牢說：「你處理政事不要鹵莽，治理百姓不要草率。過去我種莊稼，耕作很鹵莽，結果收穫時獲得的回報很差；除草時粗疏，結果收穫時獲得的回報也很差。第二年我改變了方法，深耕細作，禾苗茂盛成長，我得以終年飽食。」

　　這裡的「鹵莽」一詞，諸家都注解為粗率或淺耕稀種，不過，下文中莊子還說了一句話：「故鹵莽其性者，欲惡之孽，為性萑葦蒹葭。」意思是：因此對本性鹵莽的人，生長惡欲，就像蘆葦一樣遮蔽本性。「萑（ㄏㄨㄢˊ）、葦、蒹葭都是蘆葦一類的野草，將「鹵莽」與之作比，可見「鹵莽」也是荒草。因此，「昔予為禾，耕而鹵莽之，則其實亦鹵莽而報予」的正解就是：過去我種莊稼，像對待荒草一樣耕作，得到

的收穫也像荒草一樣。

　　最有趣的是「莽大夫」的稱謂。「莽大夫」不是比喻鹵莽的大夫，而是特指王莽的大夫揚雄。南宋學者朱熹在《資治通鑑綱目》一書中如是說：「莽大夫揚雄死……莽臣皆書死，賊之也；莽大夫多矣，特書揚雄，所以深病雄也。」譏刺揚雄仕漢而晚年轉仕王莽為大夫。這是朱熹的不公正之詞，但對後世影響很大，「莽大夫」因此用來比喻變節轉仕新朝的人。

焚

手舉火把燒山林

焚咸丘——《左傳》

❶

❷

❸

「焚」即焚燒，這是今天使用的唯一義項。但是這個字剛造出來時所表達的含義，歷代學者多有爭論，而且本義也並非焚燒這麼簡單。

焚，甲骨文字形❶，下面不是「山」，而是「火」；上面是兩「木」，即「林」。甲骨文字形❷，左下角添加了一隻手，表示用手舉著火把。甲骨文字形❸，下面增繁為兩隻手。金文字形❹，定型為上「林」下「火」的結構。小篆字形❺，跟「野」字一樣，屬於畫蛇添足之舉，上面本來一個「林」就足以說明問題，偏偏增繁為這個樣子。

《說文解字》：「焚，燒田也。」燒田的目的是什麼？過去的學者多認為就是燒田耕作法，即粗耕農業的寫照。比如農史學家萬國鼎先生在《商民族之農業》一文中寫道：「商民族已達農業時代，惟去遊牧之時未遠，農業技術殊為幼稚，耕種之先，用燒田法開闢農田，繼續栽種，不知施用肥料，逮若干年後，地力消失，則棄之而另闢新地。」

這一論斷成為學者們的主流觀點，直到一九四四年，甲骨文大家胡厚宣先生發表名篇〈殷代焚田說〉，根據甲骨文中「焚」字的用法，指出殷人燒田，只是為了狩獵，並非耕作之法。比如甲骨卜辭中屢屢有「焚禽」以及「焚」後獲各種野獸的記載，因而得出「殷人常燒

❹　　　　　　　❺

草以獵獸」的結論，並進一步解釋說：「舊籍凡言『焚』、『燒田』以及『火田』者，無一不指燒草以獵獸而言也。」

其實，「田」字剛造出來的時候，並非指種植農作物之田，而是指狩獵之田，因此狩獵則稱「田獵」、「田狩」。許慎所說「燒田」，燒的就是田獵之田。《爾雅・釋天》中則解說得更清楚：「火田為狩。」

《左傳・桓公七年》中有這年春天二月「焚咸丘」的記載。咸丘是魯國地名。杜預注解說：「焚，火田也。」孔穎達進一步解釋說：「以火焚地，明為田獵，故知焚是火田也。」有的讀者可能會覺得奇怪，這算什麼大事，為什麼偏偏要記這一筆？這是因為古時對田獵的時令有著嚴格的限制。

《禮記・王制》中規定：「昆蟲未蟄，不以火田。」其中「蟄（ㄓˊ）」即蟄藏，動物冬眠，藏起來不食不動。也就是說，初入冬，動物冬眠之後才可以燒田狩獵。

《禮記・月令》中規定：「仲春之月⋯⋯毋竭川澤，毋漉陂池，毋焚山林。」仲春是春季的第二個月，即陰曆二月。這個月不准過度從川澤和陂（ㄅㄟ）池裡引水，以免水源乾涸；這個月動物還不到壯大的季節，因此也不准焚燒山林狩獵。

而《左傳・桓公七年》竟然在仲春之月「焚咸丘」，杜預注解說：「譏盡物。」孔穎達進一步解釋說：「不言蒐狩者，以火田非蒐狩之法，而直書其焚，以譏其盡物也。」春天狩獵稱「蒐」，意思是僅僅搜取不孕的動物；而「毋焚山林」的季節卻「焚咸丘」，用一個燒田狩獵的「焚」字，意在譏刺「盡物」（趕盡殺絕）之舉，這就是所謂「春秋筆法」。

❶

❷

# 逐

## 奔跑著追捕野豬

斷竹續竹・飛土逐宮──《吳越春秋》

　　楊樹達先生在《積微居甲文說》一書中寫道：「追必用於人，逐必用於獸也。」這是「追」和「逐」的最大區別。

　　逐，甲骨文字形❶，下面是一隻左腳，上面是一頭豬。這頭豬顯然是野豬，因此才會被人追獵。甲骨文字形❷，上面是一隻犬。「犬」和「豕」字形相近，區別在於：犬瘦腹長尾，豕大腹短尾。甲骨文字形❸，上面是一頭美麗的鹿。請回想一下《史記・淮陰侯列傳》中的名句：「秦失其鹿，天下共逐之。」甲骨文字形❹，上面是一隻兔子。《慎子》中有「一兔過街，百人逐之」之語，乃是「過街老鼠，人人喊打」這一俗語的語源。

　　羅振玉先生解釋說：「此或從豕，或從犬，或從兔，從止，像獸走壙而人追之，故不限何獸。」其中「壙（ㄎㄨㄤˋ）」指原野。

　　逐，金文字形❺，上面定型為「豕」，下面則增飾為「辵（ㄔㄨㄛˋ）」，奔走、疾走之意。小篆字形❻，變成左右結構。《說文解字》：「逐，追也。」值得注意的是，「逐」字反映的雖然是先民捕獵野獸的場景，但所追逐的都是野豬、野狗、鹿和野兔，並沒有大型猛獸，這說明大型猛獸無法用「逐」的方式捕獲，同時也說明「逐」得的動物可能是用於馴養的目的。

　　《吳越春秋・勾踐陰謀外傳》中記載了善射者陳音

③ ④ ⑤ ⑥

和越王勾踐的一段對話，陳音說：「古者人民樸質，飢食鳥獸，渴飲霧露，死則裹以白茅，投於中野。孝子不忍見父母為禽獸所食，故作彈以守之，絕鳥獸之害。故歌曰『斷竹續竹，飛土逐害』之謂也。」

陳音所引的古歌又名〈斷竹歌〉或〈斷竹黃歌〉，也寫作「斷竹續竹，飛土逐肉」，「斷竹」指砍斷竹子，「續竹」指製作彈弓，「飛土」指發射土丸，「逐肉」當然就是指追逐野獸。北宋大型類書《太平御覽》卷七百五十五引《談藪》曰：「彈狀如弓，以竹為弦。」卷三百五十引東漢李尤〈彈銘〉曰：「昔之造彈，起意弦木。以丸為矢，合竹為樸。漆飾膠治，弗用筋鏃。」意思是說製作彈弓比製作弓箭要簡單得多，不需要用獸角做弓，也不必用堅韌的獸筋做弦。

俞平伯先生則認為所謂「斷竹續竹」，是把竹子分成同樣長度的兩小段，用牛筋等連接起來，牛筋中間有一小圓槽，用來安放彈丸。

陳音在與越王勾踐的對話中，將此歌定義為「孝歌」，上古時期實行薄葬，孝子做彈弓以守護父母屍體，因此有學者認為從民俗的意義上來說，這首歌是後人築廬守陵的萌芽。不過從歌的內容來看，更像一首原始狩獵之歌，所反映的就是先民們製作彈弓、追逐野獸的情景，也正是「逐」的本義。

# 獲

## 伸手去捕鳥

彼有不獲稚，此有不斂穧。——《詩經》

❶

❷

獲，甲骨文字形❶，這是一個會意字，最早的古字其實就是「隻」，上面是「隹」，下面是一隻手，會意為用手捕鳥。金文字形❷，同樣是用手捕鳥的樣子。金文字形❸，有所變化，上面是一隻類似於貓頭鷹的獵鷹，雙耳高高豎起，下面仍然是一隻手，會意為手持獵鷹去捕獵。小篆字形❹，左邊又添加了一隻犬，如此一來，從使用獵鷹捕獵發展到同時也使用獵犬捕獵。

楷書字形❻，沒有任何變化。簡體字形「获」則把鳥兒或獵鷹的形象簡化掉了。

《說文解字》：「獲，獵所獲也。」這是解釋「獲」字為什麼從犬。隨著農業生產的發展，古人也用「獲」來表示莊稼的收割，但是收割莊稼卻不能再使用「犬」字旁了，於是古人後來又另造一個字，把「犬」字旁換成「禾」字旁，來表示收割莊稼，這就是小篆字形❺。

《說文解字》：「穫，刈穀也。」割草叫「刈（一、）」，收穀叫「穫」。《詩經》中有一首題為〈大田〉的詩，其中吟詠道：「彼有不穫稚，此有不斂穧。」此處的「穫」即是收割莊稼的「穫」，「稚」是幼禾，「穧（ㄐㄧ、）」是已割下但還沒有來得及捆起來的禾把。這句詩的意思是：那裡的幼禾還沒有收割，這裡的禾把還沒有捆起來。

有趣的是，《爾雅·釋詁》中還有這樣的區分：「馘、穧，獲也。」其中「馘（ㄍㄨㄛˊ）」是「軍戰斷耳也」，在

③ ④ ⑤ ⑥

戰爭中，割取敵人的左耳，用以計數報功。《周禮》中規定：「大獸公之，小禽私之，獲者取左耳。」「馘」即是由此引申而來。「馘」和「穫」都是「獲」，但「穫」則專指收割莊稼，可見古人對事物的分類是多麼細緻！

「獲者」指獵得禽獸者，鄭玄解釋道：「獲，得也，得禽獸者取左耳當以計功。」同時又引申而指舉行射禮時手持旌旗的唱獲者。所謂「唱獲」，就像今天打靶時的報靶員一樣，誰射中了箭靶，就揮動旌旗唱名。射中靶心者也稱為「獲者」。相應地，那面唱獲者手持並揮動的旌旗就稱作「獲旌」。古籍中常常可以見到此類稱謂，如果不懂得其中的含義，就無法確切地理解文意或詩意，因此約略言之。

根據揚雄《方言》記載：「荊淮海岱雜齊之間，罵奴曰臧，罵婢曰獲。齊之北鄙，燕之北郊，凡民男而婿婢謂之臧，女而婦奴謂之獲。亡奴謂之臧，亡婢謂之獲。皆異方罵奴婢之醜稱也。」其中，「臧」的造字本義就是男奴，「獲」則由獵得的禽獸引申而為女奴。「古者奴婢皆有罪者為之，謂之臧獲。」這都是等級制社會對奴隸的賤稱，應該持批判態度，但也應該明白這些稱謂的由來，否則看古籍時往往會不知所云。

（傳）李公麟〈豳風七月圖〉（局部）
南宋佚名繪，紙本墨筆長卷，美國大都會藝術博物館藏

　　《豳風·七月》是《詩經·國風》中最長的一首詩。這段畫面描繪的是詩中第四章所寫的狩獵場景：「一之日於貉，取彼狐狸，為公子裘。二之日其同，載纘武功，言私其豵，獻豣於公。」「一之日」、「二之日」指夏曆的十一月、十二月。秋收之後，農民們去野外打獵，打到的狐狸要獻給「公子」做裘衣，打到的野豬，大的獻給豳公，自己只能留下小的。「豵（ㄗㄨㄥ）」是一歲的小豬，「豣（ㄐㄧㄢ）」是三歲的大豬。看起來獵「獲」豐盛，而農人依然要發出「何以卒歲」的哀嘆。

　　這卷〈豳風七月圖〉託名李公麟，純用白描，以連環畫的形式細緻描繪了〈七月〉每一章的詩意。捕獵場面以高空俯視的視角畫出，鷹飛犬逐，野豬奔逃，顯得非常開闊。

# 食貨篇

❶　　　　　❷　　　　　❸　　　　　❹

## 用網撈取貝去買東西

沉吟此事淚滿衣，黃金買醉未能歸——李白

本篇將買、賣對舉。

先說「買」，甲骨文字形❶，這是一個會意字，上面是一個網，下面是一隻貝，會意為用網撈取貝。甲骨文字形❷，網和貝的形狀變得更加悅目。金文字形❸，上面的網加以簡化，下面的貝也畫得更加工整。小篆字形❹，緊承甲骨文和金文字形而來。楷書字形❺，而簡體字形「买」完全看不出上面「網」的形狀。

《說文解字》：「買，市也。從網貝。」「市，買賣所之也」，買賣所前往的地方，因此用「市」來解釋「買」。

關於「從網貝」，許慎引用了《孟子‧公孫丑下》中的一段話來說明：「古之為市也，以其所有易其所無者，有司者治之耳。有賤丈夫焉，必求龍斷而登之，以左右望而罔市利。人皆以為賤，故從而征之。征商自此賤丈夫始矣。」

這段話的意思是：古時候成立市場，拿自己有的東西去交換沒有的東西，有專職官員負責管理。有低賤的男子，一定要找一個獨立的高地登上去，左右張望想網羅所有的貿易利潤。人人都認為他卑鄙，因此向他徵稅。對商人徵稅就從這個低賤的男子開始了。「罔」通「網」，「罔市利」正是對「從網貝」最具象的解釋。貝是上古時期的貨幣，因此從「貝」。李白有詩曰：「沉吟此事淚滿衣，黃金買醉未能歸。」用來買醉的是黃金，

❺        ❻        ❼        ❽        ❾

而不再是上古時期原始的「貝」了。

　　再說「賣」，金文字形❻，這也是一個會意字，下面是貝，上面是一隻直視著的大眼睛，會意為將貨物展示給人看，以便換取貝。金文字形❼，貝的左邊又添加了一隻手。這個金文字形在《周禮》中寫作「儥」，讀作「ㄩˋ」，兼備買、賣二義，後來被廢棄。小篆字形❽，下面就是「買」字，上面從眼睛變成了「出」。楷書字形❾，上面的「出」又訛變為「士」。簡體字形「卖」完全看不出造字的本意了。

　　《說文解字》：「賣，衒也。」此處「衒」讀作「ㄒㄩㄢˋ」，沿街叫賣，將貨物炫示於人。這個解釋跟金文字形中那隻直視的大眼睛的關聯是多麼緊密呀！徐鍇則解釋為：「貨精，故出則買之也。」這一解釋點明了為什麼「賣」字的上面是一個「出」的緣故。徐灝更進一步解釋「買」、「賣」二字的區別：「出物貨曰『賣』，購取曰『買』，只一聲之輕重。與物美曰『好』，好之曰『好』，物醜曰『惡』，惡之曰『惡』同例。竊謂『買』、『賣』本是一字，後以其聲異，故從『出』以別之。」其義甚明。

　　「買」和「賣」二字連用甚早，《周禮》中規定「小宰」這一官職的職責之一是：「聽賣買以質劑。」所謂的「質劑」，長的書契稱「質」，購買牛馬時所用；短的書契稱「劑」，購買兵器以及珍異之物時所用。質劑即類似於今天的合同，買賣的時候要用質劑來約束買賣雙方，不允許任何一方有欺詐行為。

❶ ❷ ❸

屋子裡有貝有玉還有杵臼

如許多寶貝，海中乘壞舸──寒山

　　「寶」這個字的演變很有意思，從中可以看出造這個字的古人非常好玩的心態。

　　寶，甲骨文字形❶，這是一個會意字，上面是房屋的形狀，中間是貝，下面是成串的玉。房子裡面有貝有玉，會意為珍寶。甲骨文字形❷，貝和玉調換了位置。

　　到了金文，「寶」字變得越來越複雜了。

　　金文字形❸，除了貝和玉之外，還增加了兩樣東西，左民安先生認為增加的是杵和臼之類的舂米用具，是生活必需品，因此也是寶貝。金文字形❹，就更好玩了，最下面還有兩隻手忙碌不停地往房子裡運送寶貝！金文字形❺，杵和臼連在一起，開始出現「缶」字的雛形。金文的「寶」字，表現了古人非常有趣的心態，那就是恨不得把所有寶貝都搬到自己家裡去。

　　小篆字形❻，變成了一個形聲字，用「缶」表聲。楷書字形❼。簡體字形「宝」則從形聲字又變回會意字，家裡有玉為「寶」。

　　《說文解字》：「寶，珍也。」而「寶」如此珍貴，古人就拿它用作敬辭，比如寶位是對帝王的敬稱，寶鼎是對佛教香爐的敬稱，寶號是對別人商號的敬稱，寶眷是對別人家眷的敬稱，等等。

　　在日常生活中，「寶貝」的稱謂使用頻率非常高，也非常口語化，因此人們大概都以為這個稱呼是今天才

④　　　⑤　　　⑥　　　⑦

有的，無法想像古人天天把「寶貝」掛在嘴上的情景。不過鮮為人知的是，古人早就開始使用「寶貝」一詞了，唐代詩人寒山就曾在詩中寫道：「如許多寶貝，海中乘壞舸。前頭失卻桅，後頭又無柁。宛轉任風吹，高低隨浪簸。如何得到岸，努力莫端坐。」

「寶貝」的本義是珍貴少見的貝殼，西漢學者焦贛在《易林》中寫道：「喪我寶貝，亡妾失位。」這裡的「寶貝」就是本義。

西晉木華的〈海賦〉中也有這個詞：「豈徒積太顛之寶貝，與隨侯之明珠。」「寶貝」跟「明珠」對舉，當然也是指稀罕的貝殼。這句話使用了兩個典故，一個是當年殷紂王囚禁了周侯西伯時，周侯的大臣太顛、散宜生等人，高價收購了水中的大貝，連同其他珍奇之物一併獻給殷紂王，殷紂王才放了西伯。另一個典故是，春秋時期隨國的國君隨侯救了一條大蛇。大蛇為報救命之恩，銜了一顆夜明珠獻給隨侯，故稱「隨侯珠」。

隨侯珠與和氏璧合稱「春秋二寶」。有趣的是，這「春秋二寶」也合稱「隨和」，今天口語中形容為人和氣即由此而來。因為「隨和」是二寶，便用來比喻高潔的品德，凡是具備高潔品德的君子都很謙和，因此又慢慢演變成謙和、和氣之意。

「寶貝」後來泛指珍貴的東西，大約到了清代，民間俗語中開始用「寶貝」來稱呼心愛之人，多用於稱呼小輩。比如《紅樓夢》：「賈母只得安慰他道：『好寶貝，你只管去，有我呢。』」這是賈母對寶玉的稱呼。情侶之間也可以使用這個稱呼，不過更多的是男稱女，比如嘉慶、道光年間的俗曲總集《白雪遺音》中有一首名為〈男夢遺〉的俗曲，描

寫一位男子思念美女多嬌而夢遺的故事。其中寫道：「何不兩處移來一睡眠，朦朧睡，夢魂顛，夢見多嬌在枕邊，攜手相攙，叫聲寶貝心肝，我的恩姐姐，講不盡千言與萬言。」十分有趣，可見這時就已經將「心肝」和「寶貝」連用了。

《紅樓夢賦圖冊‧櫳翠庵品茶賦》
清代沈謙作賦、盛昱錄，清同治十一二年（1873），
愛爾蘭切斯特‧比替圖書館（Chester Beatty Library）館藏

　　《紅樓夢賦圖冊》共二十幅（此本缺一幀），內容為沈謙撰二十首題詠《紅樓夢》的賦文配以精美插圖。沈謙的《紅樓夢賦》大約創作於清嘉慶十四年（1809），正是科舉失意、窮困潦倒之際，作者借閱讀《紅樓夢》度日，「仿冬郎之體，伸秋士之悲」，作賦排遣內心苦悶。

　　這幅是〈櫳翠庵品茶賦〉的配圖。劉姥姥進大觀園，逛到櫳翠庵，妙玉為眾人奉茶之後，拉黛玉和寶釵到後面吃「體己」茶，寶玉也隨了來。妙玉用收藏了五年的梅花上的雪水烹茶，以古玩奇珍為黛玉和寶釵上茶，而將自己常日吃茶的綠玉斗為寶玉斟茶。寶玉便說：「到了你這裡，自然把那金玉珠寶一概貶為俗器了。」一連串「炫富」般的描寫不僅令讀者眼花撩亂，連寶黛釵三個也大開眼界。妙玉如此孤高自許是頗有些底氣的。

❶

❷

## 產於南海的子安貝

公徒三萬，貝冑朱綅——詩經

　　貝在古時候用作貨幣，因此從貝的字大都與錢財有關，比如貨、貪、販、費等。古人為什麼會使用貝做為貨幣呢？

　　貝，甲骨文字形❶，很明顯這是一個象形字，像的就是貝的形狀。甲骨文字形❷，大同小異。金文字形❸，兩片貝殼中間的紋路栩栩如生。金文字形❹，大同小異。小篆字形❺，變形得很厲害，不過還保存了貝殼上的兩道花紋。

　　《說文解字》：「貝，海介蟲也。」晚清學者宋育仁解釋說：「海介蟲，海中所生介蟲也。介者肉內而骨外，龜之屬。」其實所謂「介」就是「甲」，指貝類的外殼。如此說來，「貝」這個字專指海貝。白川靜先生認為這種海貝就是子安貝，而且甲骨文和金文中所有的「貝」全都是子安貝的形狀，「子安貝產於南海，生活在內陸地區的殷人、周人視之為珍奇異寶」。因此在金屬貨幣普及之前，就用貝做為貨幣。

　　這種海貝為什麼稱作「子安貝」呢？這是因為古時婦女生產時，產婆會將這種貝放在產婦手中，令她緊握以便用力產子，同時也是祈求母子平安的意思，故稱「子安貝」。子安貝還用作祭祀的器具，臺灣的原住民至今還保留著「子安貝祭」的習俗，傳說他們祖先的靈魂就藏在子安貝裡。商代墓葬中曾大量出土過這種貝類，

③

④

⑤

可見它在古人生活中的重要性。

　　許慎又說：「古者貨貝而寶龜，周而有泉，至秦廢貝行錢。」這幾句話是中國古代的貨幣變遷史。上古的時候，使用貝殼做貨幣，就像占卜使用龜甲一樣，貝殼和龜甲極其相似，因此許慎當作一類來說。到了周代，開始用金屬鑄錢，稱作「泉」，意思是像泉水一樣流淌而不會壅積。周代有泉府的官職，負責掌管國家的稅收。又可稱「布」，意思是遍布於外。到了秦代，開始使用「錢」的稱謂，一直延續到今天。

　　不過，根據《漢書・食貨志》的記載，王莽時期，各種貨幣並行使用，即「金、銀、龜、貝、錢、布之品，名曰『寶貨』」。其中貝貨分作五品：「大貝四寸八分以上，二枚為一朋，直二百一十六；壯貝三寸六分以上，二枚為一朋，直五十；么貝二寸四分以上，二枚為一朋，直三十；小貝寸二分以上，二枚為一朋，直十；不盈寸二分，漏度不得為朋，率枚直錢三。」這裡出現了一個有趣的量詞：朋。「朋」是古代的貨幣單位，用線繩將貝串起來，兩貝為一朋（一說五貝為一朋），「不盈寸二分」即太小不成貝者，不得串起為「朋」。

　　不管是甲骨文字形還是金文字形，「貝」上的花紋都栩栩如生地畫了出來，因此貝形的花紋就稱作「貝」。《詩經・閟宮》是歌頌魯僖公的詩篇，其中誇耀說「公徒三萬，貝胄朱綅」，魯公的步兵有三萬人之多，個個「貝胄朱綅」。貝胄，用貝紋裝飾的頭盔；綅（ㄑㄧㄣ），絲線。這是形容步兵頭戴用紅線縫綴、用貝紋裝飾的頭盔，軍容之盛大，盔甲之鮮亮，如在眼前。

❶　　　　❷

# 同

## 所有東西都覆蓋在盤子下面

鳥獸不可與同群——《論語》

　　「同」這個字的義項很豐富，而且有許多有趣的用法，但這些用法都是從本義引申而來。

　　同，甲骨文字形❶，這是一個會意字，上面是覆盤之形，下面是「口」，「口皆在所覆之下」，因此「同」的本義是會聚。甲骨文字形❷，上下結構拉開了一點距離。金文字形❸和❹，筆劃加粗。小篆字形❺，乾脆把「口」移到裡面，覆蓋之形更加突出。

　　《說文解字》：「同，合會也。」合會就是會聚，引申為共同、一同，比如孔子說的「鳥獸不可與同群」。根據《尚書》的記載，周代君王即位的典禮上，有一項儀式是名為大宗伯的官員要向君王獻上「同瑁」。「同瑁」到底是什麼東西？歷代眾說紛紜，有的說是一種東西，有的說是兩種不同的東西，直到二〇〇九年在西安發現了一件名為「同」的西周青銅酒器，才驗證了古籍中關於「同」的另一種解釋：爵。也就是說，「同」是一種酒器。「瑁」是君王所執的玉。那麼「同瑁」就是兩種不同的東西，即酒器和玉器。這一解釋跟「同」的甲骨文和金文字形非常相似，即筒形的酒杯。酒杯中倒滿了美酒，當然也可以會意為會聚之意。

　　《詩經・車攻》中有詩曰：「赤芾金舄，會同有繹。」「赤芾（ㄈㄟˊ）」，紅色蔽膝，指遮蓋大腿至膝部的服飾；「金舄（ㄒㄧˋ）」，金飾的複底鞋。赤芾和金舄都為諸侯

③　　　④　　　⑤

所穿。「有繹（一、）」，連續不斷而有次序的樣子；「會同」，諸侯朝見君王的專稱。根據《周禮》的規定，諸侯朝見君王，根據時序的不同，各有不同的專稱，依次為：「春見曰朝，夏見曰宗，秋見曰覲，冬見曰遇，時見曰會，殷見曰同。」「時見」指不在規定期間朝見，「殷見」指諸侯於一年四季分批朝見。「殷見」就稱作「同」，每隔十二年，諸侯一起來朝見君王。舉行朝見儀式時，使用叫「同」的酒杯飲酒行禮，是為「會同」，因此後來「會同」就成為朝會的泛稱。

　　「同」的本義既然是會聚，因此還可以引申用作土地面積單位，方圓百里為「同」。《左傳・襄公二十五年》：「且昔天子之地一圻，列國一同，自是以衰。」方圓千里稱「圻（〈一ˊ）」，天子直接管轄的地盤是方圓千里，諸侯直接管轄的地盤方圓百里。隨聲附和或者觀點與人相同稱「雷同」，唐代李賢解釋「雷同」這個詞說：「打雷的時候，雷聲能夠震驚百里，而百里稱『同』，故稱『雷同』。」

　　「大同」是儒家最高的政治理想，此處的「同」是統一的意思，意為天下都統一到一種理想的社會型態裡。《禮記・禮運》中記載過孔子描述的大同社會的面貌：「大道之行也，天下為公。選賢與能，講信修睦，故人不獨親其親，不獨子其子，使老有所終，壯有所用，幼有所長，矜寡孤獨廢疾者皆有所養。男有分，女有歸。貨，惡其棄於地也，不必藏於己；力，惡其不出於身也，不必為己。是故謀閉而不興，盜竊亂賊而不作，故外戶而不閉，是謂大同。」

❶ ❷

一根繩子上串著三塊玉

言念君子‧溫其如玉——《詩經》

「寧為玉碎，不為瓦全。」從這句話就可以看出玉在中國文化中的崇高地位。事實上也確實如此，玉文化在中國可謂源遠流長，在祭祀、外交和社交領域都發揮了巨大的作用。

玉，甲骨文字形❶，這是一個象形字，像一根繩子串著三塊玉。甲骨文字形❷，繩子的形狀更明顯。金文字形❸，把露在外面的繩頭給去掉了。小篆字形❹，接近金文。

《說文解字》：「玉，石之美，有五德：潤澤以溫，仁之方也；　理自外，可以知中，義之方也；其聲舒揚，專以遠聞，智之方也；不橈而折，勇之方也；銳廉而不技，潔之方也。」許慎認為玉具備了仁、義、智、勇、潔五種德行，因此「君子比德於玉」。

《詩經‧小戎》：「言念君子，溫其如玉。」《禮記‧曲禮下》中甚至規定：「君無故，玉不去身。」沒有特殊原因，不能不佩戴玉。

最遲到周代時，玉器系統已經逐漸完備，各種玉的職能分工井井有條。諸侯用作符信的玉器共分五種，稱作五玉：璜、璧、璋、珪、琮。璜是半璧，用來徵召；璧是平而圓，中心有孔的玉，用來聘問；璋的形狀像半個圭（編註：圭是一種板形玉器，下部為方形，上部尖削或呈圓弧形），用來發兵；珪同圭，長條形，上端三

③

④

角形，下端方形，用來立信；琮（ㄘㄨㄥˊ）外邊八角，中間圓形，「起土功之事也」，就是用來祭地。「修吉凶賓軍嘉之禮，五等諸侯執其玉。」舉行吉、凶、賓、軍、嘉五禮的時候，諸侯都要各自手持象徵身分的玉。

除了五玉，還有六瑞之說。《周禮》中記載：「以玉作六瑞，以等邦國：王執鎮圭，公執桓圭，侯執信圭，伯執躬圭，子執穀璧，男執蒲璧。」

六瑞是國君和五等諸侯舉行朝儀時所持的六種玉製禮器：王執鎮圭，長一尺二寸，鎮是安定四方之意；公執桓圭，桓圭長九寸，桓就是今天說的華表（編註：頂端橫木相交，有如花形的巨大木柱），將桓雕刻在圭上作裝飾；侯執信圭，「信」通「身」，以人形雕刻在圭上作裝飾，長七寸；伯執躬圭，也是以人形作裝飾，長也是七寸；子執穀璧，穀物養人，故以此作裝飾，長五寸；男執蒲璧，蒲是蒲草製成的席子，取其「安人」之意，故以蒲草的花紋作裝飾，長也是五寸。鄭玄解釋道：「瑞，信也，皆朝見所執，以為信。」國君和諸侯朝見時以這六種玉器做為符信。

此外還有六器。《周禮》中記載：「以玉作六器，以禮天地四方：以蒼璧禮天，以黃琮禮地，以青圭禮東方，以赤璋禮南方，以白琥禮西方，以玄璜禮北方。」

這是六種祭祀天地四方的玉器。鄭玄說「禮神者必象其類」，意思是祭祀什麼神，就要使用像這種神的玉器。蒼璧是黑色的璧，平而圓，像天，因此用來祭天；黃琮外邊八角，像地之八方，因此用來祭地；青圭尖銳，像春天初生的萬物，因此用來祭東方；赤璋是紅色的半個

圭，「像夏物半死」，因此用來祭南方；琥是像老虎的玉器，白色的琥象徵秋氣蕭殺，因此用來祭西方；玄璜是黑色的半璧，「像冬閉藏，地上無物，唯天半見」，因此用來祭北方。

　　「玉」又引申為敬辭，比如敬稱對方的身體為玉體，敬稱對方的容貌為玉顏、玉面，等等。

❶　　　　❷　　　　❸

## 朋

### 兩串細貝連繫在一起

同門曰朋，同志曰友——孔穎達

　　在古代，「朋」和「友」的含義完全不一樣。本文分講朋、友二字。

　　先說朋，甲骨文字形❶，這是一個象形字，非常像兩串連結在一起的細貝。貝是古代的貨幣單位，同時又可以用作裝飾，因此郭沫若先生認為，「朋」的甲骨文字形表示的是古人佩戴的頸飾，但更多學者認為，這兩串連結在一起的細貝就代表貨幣單位。不過，具體代表多少貨幣單位則說法不一，一說五貝為一朋，一說兩貝為一朋，一說十貝為一朋，也有說五貝為一系（串），兩系（串）為一朋。《詩經》中有「既見君子，錫我百朋」的詩句，意思是君子賜給我一百朋，那是好多好多的貝啊！因為兩系（串）貝為一朋，如同甲骨文字形表現的那樣，因此「朋」引申為朋友的意思。

　　朋，金文字形❷，比甲骨文字形更加整飭。小篆字形❸，這就非常離奇了，跟甲骨文、金文字形相差十萬八千里。《說文解字》：「朋，古文『鳳』，象形。鳳飛，群鳥從以萬數，故以為朋黨字。」許慎居然認為「朋」是「鳳」的古字，還牽強附會地認為，跟從鳳飛的鳥兒非常之多，因此跟眾人結黨聯繫了起來。這種說法實在不妥！

　　再說友，甲骨文字形❹，這是一個會意字，朝著同一個方向的兩隻右手，會意為以手相助。今天人們見面

❹ ❺ ❻

的禮節還是如此，互相伸出右手相握，跟這個字形沒有任何差別。金
文字形❺，同於甲骨文。小篆字形❻，兩隻手變成了上下結構。

　　《周易》中說：「君子以朋友講習。」孔穎達解釋道：「同門曰朋，
同志曰友。朋友聚居，講習道義。」同師授業的學生稱為「朋」，還不
能稱為「友」，同門必須志同道合才能稱為「友」。在儒家學說中，志
同道合當然是指高遠的志向和崇高的道德，因此古代常常出現的「朋
黨」一詞就不能稱為「友黨」，因為「朋黨」最初是指同類人以惡相濟
而結成的集團，後來泛指因政見不同而形成的相互傾軋的宗派。「朋」
是中性詞，是客觀現實，「同門曰朋」，只要是同學就可稱「朋」，因此
「朋」也可用作貶義，如「朋比為奸」；「友」則含有道德指向，「同志
為友」，必須志同道合才能稱「友」。

　　到了明朝，士大夫們開始延伸「朋友」一詞的內涵，把所有的儒
學生員統稱作「朋友」，已經考上秀才的生員稱作「老友」，還沒有考
中秀才的生員稱作「小友」。無名氏的《鳴鳳記》中寫道：「今早有個
柬帖來，說鄒朋友要相訪，不免啟扉等候呀。」《儒林外史》中寫道：「開
蒙的時候，他父親央及集上新進梅朋友替他起名。」其中的「鄒朋友」
和「梅朋友」都是對生員的稱呼。到了今天，凡是有過一面之交的都
可稱為朋友，甚至連沒見過面的也可以稱為朋友，未婚的情侶更互稱
朋友，「朋友」一詞早已失去了古意。

〈苦吟圖〉（局部）

（傳）北宋李公麟繪，絹本設色，臺北故宮博物院藏


　　本幅無款，舊標為李公麟，絹質古舊，線描流暢，
人物形象纖細，從畫風推測，應是明代人的作品。

　　畫中文士三人倚坐，圍繞一張方案，或斜身拿筆苦
思，或屈膝持卷沉吟，或托腮凝視案上白卷。三人似乎
都處於苦苦尋覓靈感而不得，遲遲不得下筆的窘境。人
物衣紋、面目，線描纖細，設色典雅，風致獨具。畫中
人的身分不能確定，可推測是同僚或文友，正在一個小
型詩會雅集上，互相切磋，比才鬥學。或許焚香計時，
或許罰酒為令，苦吟中流露著以文會友的雅人深致。

① ②

「得」既可以作實詞，也可以作虛詞。作實詞可以當作名詞、動詞、形容詞使用，作虛詞可以當作嘆詞、助詞、副詞使用。來探究一下「得」這個字的造字本源，會發現古人生活中非常有趣的習俗。

得，甲骨文字形①，這是一個會意字，左邊是一隻大貝，右邊是一隻手，會意為用手拿到了貝。甲骨文字形②，手移到貝的下面，左邊又添加了一個「彳」，「彳」像十字路口的半邊，表示行走的意思，這個字形會意為行走到遠方去尋覓並得到貝。金文字形③，手和貝的形狀簡直像真的一樣！金文字形④，左邊的「彳」更像十字路口的左半邊。小篆字形⑤，右上角的「貝」發生了訛變，變成了「見」。楷體字形則完全看不出跟「貝」有什麼關係了。

《說文解字》：「得，行有所得也。」「得」字形中的「彳」是非常關鍵的組成部分，也就是許慎所說的「行有所得」之「行」。拿到這個貝為什麼要「行」呢？顯然，很近的地方不需要如此刻意地強調「行」這個意思，那麼，「行」就一定是指前往很遠的地方去，那個「貝」在非常遙遠的地方，等待著古人去尋覓。

這是一種什麼「貝」呢？原來，這種貝叫「子安貝」，產於南海，被殷朝人和周朝人視為珍寶，因此甲骨文和金文中的貝類，全部都是子安貝的形狀。子安貝

跑到遠方去尋找並得到了貝

筌者所以在魚，得魚而忘筌——《莊子》

③　　　　　④　　　　　⑤

不僅被當作珍寶，還用作貨幣和祭祀的器具。商代墓葬中曾經大量出土過這種貝類，可見它在古人生活中的重要性。

　　子安貝產於南海，離黃河流域的中原地區十分遙遠，那麼，即使子安貝透過貿易傳入中原地區，因路程的遙遠及其珍貴程度，古人造「得」這個字的時候，就安上了一個表示遠行的「彳」，意思是想要得到子安貝，一定要經過漫長的辛苦遠行才能得到。這就叫「行有所得」、「凡有求而獲皆曰得」。

　　子安貝既如此珍貴而又得之不易，因此「得」又可以引申為滿足，比如「洋洋得意」的滿足驕傲之態，比如「春風得意馬蹄疾，一日看盡長安花」，將科舉中試的得意比作獲得子安貝的雀躍之情。

　　莊子曾經有過一段名言：「筌者所以在魚，得魚而忘筌；蹄者所以在兔，得兔而忘蹄；言者所以在意，得意而忘言。」其中「筌（ㄑㄩㄢˊ）」是捕魚的竹器。這段話的意思是：竹籠是用來捕魚的，捕到魚就忘了竹籠；兔網是用來捕兔的，捕到兔就忘了兔網；言語是用來表達思想的，領悟了思想就忘了言語。「得魚忘筌」因而用來比喻事情成功以後就忘了本來依靠的東西。

賊

拿著刀和戈去毀壞貝

王者之政，莫急於盜賊——李悝

❶

❷

　　只要有人的地方就會有盜賊，因此「盜賊」的稱謂很早就出現了，《周禮》中有小宰的官職，職能之一就是「以除盜賊」。「盜賊」是強盜和小偷的統稱，類似的字眼還有竊、劫、寇。古人對這些行為都有嚴格的區分。

　　先說賊，金文字形❶，這是一個會意字，左邊是一把刀，右上方是一把戈，下面是一個貝，會意為持刀持戈去毀壞貝。小篆字形❷，那把刀移到戈的下方。《說文解字》：「賊，敗也。」「賊」的本義是毀壞，引申為傷害之意。

　　再說盜，甲骨文字形❸，這也是一個會意字：下面是一個器皿，上面是一個人面朝左站立，看著器皿裡的東西直流口水。但是，徐中舒先生認為下面是「舟」，後來訛變為「皿」；「從舟以顯氾濫之意」，因此「盜」的本義是水流氾濫。也有學者認為這個字形會意為：一個人流著口水，乘舟過河，前去劫掠。小篆字形❹，口水變成了水形，下面的「舟」訛變為「皿」。《說文解字》：「盜，私利物也。」《荀子》中則解釋得更清楚：「竊貨曰盜。」可見，「盜」是指偷竊別人貨物的行為。《荀子》又說：「害良為賊。」殺害好人稱「賊」。盜和賊的古今之別非常有意思，偷竊別人貨物的人叫盜，今天卻叫賊；搶劫別人貨物的人叫賊，今天卻叫強盜。

　　竊和劫呢？《說文解字》：「竊，盜自中出曰竊。」其

❸

❹

中「盜自中出」就是監守自盜的意思，因此民間把「竊」稱作家賊。《說文解字》：「劫，人欲去，以力脅止，曰劫。」劫就是使用武力強奪。此外，「寇」是入侵、侵犯：「群行攻劫曰寇。」「強取曰寇。」「凡兵作於內為亂，作於外為寇。」故稱「內亂」、「外寇」。還有「草寇」的稱謂，用來形容出沒於山林草莽的強盜。

這些區分非常重要，因為直接牽涉法律上的定罪。戰國時期，魏國改革家李悝制定的中國第一部比較系統的成文法典《法經》，共分六篇，前兩篇即為《盜》法和《賊》法。李悝認為「王者之政，莫急於盜賊」，《盜》法是保護私有財產的法規；《賊》法是防止叛逆、殺傷，保護人身安全和維護社會秩序的法規，量刑當然就不一樣。漢魏時期叫盜律、賊律，後周叫劫盜律、賊叛律，到了隋代才在律法中將盜和賊合一，唐宋沿用。

現代學者王立群曾經提出過司馬相如對待卓文君是「劫財劫色」，遭到了質疑。王立群的理由是，古代典籍中有三處記載司馬相如的這一行為：揚雄的〈解嘲〉稱「司馬長卿竊貲於卓氏」；《顏氏家訓》中稱「司馬長卿，竊貲無操」；司馬貞在《史記索隱》中說「相如縱誕，竊貲卓氏」。這裡的「貲（ㄗ）」通資，指財貨。

于丹就是用「竊」和「劫」的區別駁斥了王立群的說法：「『劫財』和『竊貲』不是同一回事。上舉三例，都沒有表示出『司馬相如以武力搶奪卓氏錢財』的意思，因而所舉證據，不能支持所持結論，那麼這一結論自然就不能成立了。」換言之，司馬相如只不過使用美男計，偷竊了卓文君的資產而已，並沒有使用武力搶劫。

❶ ❷ ❸

# 鑑

## 一個人跪在水盆前照鏡子

以人為鑑，可明得失——唐太宗

唐代名臣魏徵去世後，唐太宗李世民發出了著名的感嘆：「以銅為鑑，可正衣冠；以古為鑑，可知興替；以人為鑑，可明得失。朕嘗保此三鑑，內防己過。今魏徵逝，一鑑亡矣。」此處的「鑑」就是鏡子的意思。「鑑」為什麼會被當作鏡子呢？讓我們從頭說來。

「監」是「鑑」的本字。監，甲骨文字形❶，這是一個會意字，左邊是一個盆狀的器皿，右邊是一個人，跪在盆前看自己的樣子，人的眼睛（目）顯得異常醒目。甲骨文字形❷，右邊很像一位身姿窈窕的女子，盆中的一橫代表水，一橫上面的圓圈代表女子的臉部，一橫下面的圓圈代表水中映出的女子臉部的倒影，真是栩栩如生！金文字形❸，這個人站了起來，頭伸到盆的上方，如此一來，自己的樣子就看得更清楚了。盆的上面有一橫，表示盆裡面有水，同時「目」變成了「臣」（臣的甲骨文字形就是目）。至於金文字形❹，大同小異。小篆字形❺，沒太大區別。繁體字形「監」，右上角人的樣子看不出來了。簡體字形「监」連「目」都看不出來了。

《說文解字》：「監，臨下也。」所謂「臨下」，就是從盆的上面往下俯視自己的樣子，因此「監」的本義就是照鏡子。《尚書・酒誥》：「人無於水監，當於民監。」意思是國君不能光從水面上照自己的形象，而應該從人民中照自己的形象。《左傳・莊公三十二年》：「國之將

④

⑤

⑥

⑦

興，明神降之，監其德也；將亡，神又降之，觀其惡也。」此處的「監」和後句的「觀」並舉，是照視的意思。當作「照鏡子」的本義解的時候，「監」讀作四聲ㄐㄧㄢˋ。從「監」的本義引申出監督之意，又引申出監禁、監獄之意，當作這些義項的時候，「監」讀作一聲ㄐㄧㄢ。

「監」的引申義越來越多之後，開始把「照鏡子」或「鏡子」的本義轉移給「鑑」這個字。鑑，金文字形⑥，仍然是一個會意字，在「監」的左邊添加了「金」，會意為這個盆子是用金屬製成的。小篆字形⑦，同於金文。《說文解字》：「鑑，大盆也，可以取明水於月。」所謂明水，是祭祀所用的淨水；所謂「取明水於月」，其實指的就是露水。因此「鑑」的本義就是盛水或盛冰的青銅大盆，後來引申為青銅製成的鏡子的時候，與「鑒」通假。

有個成語叫「明鏡高懸」，鮮為人知的是，這面「明鏡」最初其實叫秦鑑或秦鏡，是秦始皇使用的鏡子。根據《西京雜記》所說，劉邦攻陷咸陽之後，搜查秦朝的府庫，發現了很多寶貝，其中一件是寬四尺、高五尺九寸的大鏡子，裡外都非常明亮，直立著照的時候，人的影子卻是倒影；用手捂著胸口照的時候，五臟六腑都看得清清楚楚；如果病人照這面鏡子，就能看到病在何處；有邪心的女人照這面鏡子，立馬能看見膽張心動。秦始皇常常拿這面鏡子照宮中的宮女，發現誰「膽張心動」就立刻將她殺了。後來，官員們為了標榜自己的清正廉明，常常在大堂上掛著「秦鏡高懸」的一塊匾，再後來因為秦朝離得越來越遠，「秦鏡」一詞漸漸變得不明白了，於是就用「明鏡高懸」取代了「秦鏡高懸」。

《高名美人畫集·「高島久」對鏡》
（高名美人判じ絵集 「高嶋おひさ」 合わせ鏡）
喜多川歌麿繪，約1795年

　　高島久是江戶寬政年間有名的美人。喜多川歌麿有一幅「大首繪」代表作〈寬政三美人〉，描繪了當時的三大美女：富本豐雛、難波屋阿北、高島久。豐雛是吉原藝妓，阿北與阿久是淺草附近茶屋的女侍。她們人氣極高，當時的美人畫經常以她們為主角。這幅畫中的阿久在淺草祭廟會的晚上，裝束打扮好後，兩手各持一面鏡子，前後對照，對自己的髮型做最後的檢查。她雖然背對觀者，但鏡中映出她專注審視的美麗容顏，正是「照花前後鏡」的美妙一幕。畫中美人絲絲分明的髮髻，吹彈可破的肌膚質感，都是歌麿獨擅勝場的特色。

　　兩鏡對照，鏡在鏡中被反射，理論上可看到無限的映射，實際上因對照角度、反射率、有限光速等緣故，照出的影像是很有限的。但這樣富於哲學意味的動作，令畫面別有一種微妙寧靜的韻致。

❶ ❷

拿著斧頭扣押人質來換取貝

文質彬彬，然後君子——《論語》

「質」是一個非常有意思的漢字，其字形的演變也饒有趣味。

質，金文字形❶，這是一個會意字，字形出自春秋末年晉國的「侯馬盟書」。右邊是「斤」，也就是斧頭；左上是「人」字的省寫，左下是一隻貝。整個字形會意為：持斧頭將人扣押起來，以換取「貝」（贖金）。金文中還有另一種寫法，即字形❷，左下是一隻牛頭，盟誓時要使用牛頭當作祭牲，因此用牛頭代替「貝」來會意。金文字形❸，左上部分的「人」變形了，更偏向於「斤」的形狀。小篆字形❹，變成了上下結構，而且上面正式定型成了兩個「斤」。楷書字形❺，同於小篆。

《說文解字》：「質，以物相贅。」這是「質」的本義，即抵押。不過，「質」和「贅」還有細微的區別：「以物受錢曰質」，拿物品作抵押以換取錢叫「質」；「以錢受物曰贅」，拿錢作抵押以換取物品叫「贅」。這裡的「物」同樣可以引申到人身上：用人作抵押以換取錢叫「質」，因此有「人質」，正好符合「質」的金文字形，後來才用於政治目的的「人質」概念，也稱作「質子」；用錢作抵押以換取人叫「贅」，因此有「贅子」，窮人將兒子抵押、典質給他人，以換取生存必需的食物，三年後如果沒有錢贖買，兒子就會淪為奴婢，「入贅」、「贅婿」的稱謂就是由此引申而來。

③　　　　　　④　　　　　　⑤

　　「質」的本義既為抵押，那麼古代貿易所使用的券書也可以稱為「質」，這就是今天「合同」的前身。長的券書稱「質」，購買牛馬時所用；短的券書稱「劑」，購買兵器及珍異之物時所用。「劑」為什麼也可以作券書呢？這是因為「劑」的本義是剪齊，而券書要用刀來裁齊。長短券書合稱「質劑」。賈公彥說：「判，半分而合者，即質劑、傅別、分支合同，兩家各得其一者也。」其中，「傅」指用文字來形成約束力，「別」是分別為兩半，每人各持一半，合稱「傅別」；「分支」是將券書分為二支。「判」是將分為兩半的券書合二為一，只有這樣才能夠看清楚契約的本來面目，現代詞彙中的判案、審判、判斷、批判等都是由此而來。「合同」即合為同一件券書。「合同」一詞即由此而來。

　　抵押的行為結束之後，緊接著就是贖買的行為，贖買時就像將兩份券書合在一起進行驗證的情景一樣，因此「質」引申為核對、驗證；驗證時雙方要「對質」，對質時就要發生雙方的口角辯駁，又引申出質問之意。

　　「質」是最原始的憑證，因此又引申為本質，當作形容詞時意為樸實、樸素、誠信。孔子在《論語》中說過一句著名的話：「質勝文則野，文勝質則史。文質彬彬，然後君子。」樸實多於文雅就會顯得粗野，文雅多於樸實就會顯得虛浮，文雅和樸實兼備，然後才成為君子。「文質彬彬」於是用來形容舉止文雅、有禮貌的君子。

## 用繩子把木柴捆縛起來

❶

❷

「束」在今天的意思，除了當作「約束」講之外，更多的是作為量詞使用。但是在古代，「束」這個量詞代表的數量卻是有實指的。

束，甲骨文字形❶，這是一個會意字，會意為用繩結將木柴捆縛起來。金文字形❷，字形變得像一幅畫，中間的「×」形是捆紮的繩結。金文字形❸，稍加簡化，還是突出繩結的形狀。金文字形❹，跟甲骨文字形相似。小篆字形❺，回到甲骨文的字形。楷體字形沒有任何變化。

《說文解字》：「束，縛也。」徐鍇說：「束薪也。」徐鍇解釋的才是「束」的本義，許慎所說的「縛」只是引申義。上古時期的婚禮都在黃昏時舉行，因此要「束薪」以做為照明的火炬，「三百篇言娶妻者，皆以析薪取興，蓋古者嫁娶以燎炬為燭」。

後來，「束薪」引申為成婚的代名詞，《詩經》中有很多類似的詩句，比如〈綢繆〉：「綢繆束薪，三星在天。今夕何夕，見此良人。」比如〈揚之水〉：「揚之水，不流束薪。終鮮兄弟，維予二人。」《毛傳》說：「男女待禮而成，若薪芻待人事而後束也。」孔穎達說：「言薪在田野之中，必纏綿束之乃得成為家用，以興女在父母之家必以禮娶之乃得成為室家。薪芻待人事而束，猶室家待禮而成也。」

❸ ❹ ❺

　　《論語》記載了孔子的一句名言：「自行束脩以上，吾未嘗無誨焉。」意思是：凡是自己交來束脩的，我沒有不教的。「脩」指乾肉。「束脩」就是十條乾肉，是最微薄的入學敬師的禮物。「束」作為量詞，為什麼當作「十」的數量呢？鄭玄解釋說：「十個為束，貴成數。」「成數」就是整數。我倒以為「束」當作「十」的數量，跟捆縛方式有關，繩子捆得少了容易散，捆得多了又太密太麻煩，捆十道應該是最合適的選擇。當然，古時饋贈常用「束脩」，用整數「十」也是表達一種圓滿之意。

　　《詩經》中有一首題為〈泮水〉的詩篇，其中吟詠道：「角弓其觩，束矢其搜。」其中，「角弓」，用獸角作裝飾的硬弓；「觩（ㄑㄧㄡˊ）」，弓緊繃的樣子；「搜」通「嗖」，象聲詞。「束矢」到底是多少支箭，其說不一，有說五十支，有說一百支，總之都是「十」的倍數，是由「束」的量詞引申而來的。

　　周代有一種奇特的制度，稱作「鈞金束矢」，「鈞金」指三十斤銅，「束矢」則為一百支箭。大司寇這種官職的職責之一是：「以兩造禁民訟，入束矢於朝，然後聽之；以兩劑禁民獄，入鈞金，三日乃致於朝，然後聽之。」其中，「兩造」指原告和被告，「訟」指財產糾紛，發生財產糾紛的時候，原告、被告都要送進「束矢」（一百支箭）給官府，才能訴說各自的理由。「兩劑」指訴訟雙方所立的契約，「獄」指刑事罪名，原告以刑事罪控告的時候，原告、被告都要送進「鈞金」（三十斤銅）給官府，三天後才能訴說各自的理由。「束矢」取意於箭之正直，「鈞金」取意於銅之堅固。勝訴者所送進的會歸還，敗訴者所送進的則收入官府。

這項法律的用意在於：怕敗訴而不敢送進「鈞金束矢」，以免人財兩失的，就是自承不直、不堅。清人何琇評價這一制度時說：「鈞金束矢之制，儒者所疑，此以後世律三代也。」意思是後世官司繁多，故意託以古制，使理直者知道訴訟之不易，使理屈者知道得不償失，從而有效化解民間的糾紛。

《詩經‧唐風圖卷‧綢繆》
（傳）南宋馬和之繪、趙構書，絹本設色長卷，遼寧省博物館藏

　　《唐風圖》是宋高宗與馬和之合作的《詩經》系列圖之一。《唐風圖》根據
《詩經‧唐風》中的十二章詩意而繪，傳世作品有三本，分別收藏於遼寧省博
物館、日本京都國立博物館、北京故宮博物院，其中遼博版最為出色。
　　這一段畫面對應的詩是《唐風‧綢繆》：「綢繆束薪，三星在天。今夕何夕，
見此良人。子兮子兮，如此良人何。」這是一首描寫新婚良辰的詩。畫中人一
邊用繩子捆束柴草，一邊深情地凝眸遠望，彷彿看見「良人」正款款走來。畫
面淡雅溫馨。「束薪」比喻夫婦同心，情意纏綿，後成為古代婚姻之典。

# 囊

## 裝東西的大袋子

囊空恐羞澀，留得一錢看——杜甫

**❶**

　　囊和橐是古代非常重要的器物，《詩經‧公劉》：「迺裹餱糧，于橐于囊。」餱（ㄏㄡˊ）糧就是乾糧。古人遠行的時候，要把乾糧裝到囊和橐這樣的袋子裡面。

　　囊、橐二字有區別。先說囊。囊，小篆字形❶，這是一個形聲字，許慎說裡面是表聲的「襄」字。

　　再說橐。「橐」讀作ㄊㄨㄛˊ，它的初文就是「東」字。小篆字形❷，許慎說裡面是表聲的「石」字。

　　《說文解字》：「囊，橐也。」「橐，囊也。」許慎老先生可真夠懶的，就這樣解釋囊和橐，在他看來，囊、橐不分。不過，還有另外兩種解釋，一種解釋是：大曰囊，小曰橐。另一種解釋是：無底曰囊，有底曰橐。古人對器物的分類可真夠細的。

　　不管怎樣，囊和橐都是裝東西的袋子，因此有智囊、囊括、囊中物等詞，不過，「橐」字相對組詞較少。

　　有一個成語叫「囊中羞澀」，很有意思。杜甫有〈空囊〉一詩：「翠柏苦猶食，晨霞高可餐。世人共魯莽，吾道屬艱難。不爨井晨凍，無衣床夜寒。囊空恐羞澀，留得一錢看。」其中「爨」讀作ㄘㄨㄢˋ，意思是燒火做飯。這首詩寫盡了詩人生活艱難的窘境。其中「囊空恐羞澀，留得一錢看」就是我們今天常用的成語「囊中羞澀」，也寫作「阮囊羞澀」。

　　杜甫如此貧窮，應該叫「杜囊羞澀」才對，為什麼

叫「阮囊羞澀」呢？此典出自元人陰時夫所撰的《韻府群玉》一書。在〈七陽〉一章中，陰時夫講了一個有趣的故事：「阮孚持一皂囊，遊會稽，客問：『囊中何物？』阮曰：『但有一錢看囊，空恐羞澀。』」阮孚隨身帶著一個黑色的布囊，在會稽一帶遊歷，有人問他：「您的囊中盛的是什麼寶貝啊？」阮孚回答道：「我的囊中只有一枚錢，恐怕囊羞澀，用它來看囊。」原來「囊中羞澀」不是指囊中的錢少而羞澀，而是指怕囊羞澀才用一枚錢壓著囊底，給囊以安慰。

　　不過，說阮孚「囊中羞澀」卻是一個徹頭徹尾的謊言。阮孚是晉朝人，一生都在做官，而且都是高官。阮孚喜歡飲酒，史載他曾經「以金貂換酒」，這樣的高官怎麼會缺錢花呢？阮孚四十九歲死前的官銜是「都督交、廣、寧三州軍事，鎮南將軍、領平越中郎將、廣州刺史」，可見說他「阮囊羞澀」乃是後人偽造的故事。一個富人留下了貧窮的名聲，而且還成了一個典故，被後人屢屢引用，這在中國歷史上大概不多見吧！

# 曲

## 用竹條編織的筐籠

人間曲水觴，竟忘仙鬼宅——魏源

❶

❷

　　古代風俗，每年春季要在水邊舉行消災祈福的祭禮，這種祭禮稱作「祓禊（ㄈㄨˊ ㄒㄧˋ）」。魏晉之前在三月上巳日這一天舉行，魏晉之後固定為三月三日舉行。這一天，人們在水邊洗濯，以祓除不祥，舉行過祓禊儀式後，就在水邊宴飲，將觴這種酒具放入水中，順水漂流，到自己面前，取而飲之，這就是「曲水流觴」的娛樂活動。王羲之的〈蘭亭集序〉就是在一次曲水流觴的活動之後所作。

　　「曲水」，取水流彎彎曲曲之意。魏源有詩曰：「人間曲水觴，竟忘仙鬼宅。」可見「曲水流觴」之樂。

　　曲，甲骨文字形❶，這是一個象形字，《說文解字》：「曲，器曲受物之形也。」許慎認為它像一個彎曲的容器，裡面等待著裝入東西。這個容器很像一個竹編的筐籠，筐籠上一道一道的不是紋飾，而是編起來的竹條。許慎還有一個解釋：「或說曲，蠶薄也。」此處「薄」通「箔」，是養蠶的器具，多用竹製。這個器具稱作「薄曲」，用竹篾或葦篾編製而成。西漢開國功臣周勃，未發跡前就是「以織薄曲為生」。金文字形❷，同樣很像「薄曲」的形狀。小篆字形❸，變為網開一面，字形也更加美觀了。楷體字形❹的口都封上，看不出「薄曲」的樣子了。

　　「曲」的本義就是養蠶的器具，或者是裝物的筐籠，

❸

❹

編製時要將材料弄彎，故此引申為彎曲、不直的意思，又可以引申為樂曲，段玉裁說：「謂音宛曲而成章也。」也是由音樂的屈曲宛轉引申而來。

有一次宋玉對楚襄王說：「客有歌於郢中者，其始曰下里、巴人，國中屬而和者數千人；其為陽阿、薤露，國中屬而和者數百人；其為陽春、白雪，國中屬而和者不過數十人。」因此得出結論：「是其曲彌高，其和彌寡。」其中，「下里」就是鄉里，「巴人」指巴國的百姓，文化水準都很低；「陽阿」是稍微高雅一點的樂曲，「薤（ㄒㄧㄝˋ）露」是一曲輓歌，比喻人的命運就像薤葉上的露水，太陽一出來就乾了；〈陽春〉和〈白雪〉是兩首最高雅的器樂曲，能聽懂的人很少。曲調越高雅，能夠應和的人也就越少，這就是「曲高和寡」這一成語的來源。

有趣的是，古人把煙囪叫作「曲突」。這個稱謂太古奧了，以致許多人都不明白為什麼這樣叫。東漢學者桓譚在《新論》中講了一個故事：齊國人淳于髡（ㄎㄨㄣ）到鄰居家做客，「見其灶突之直」，「灶突」就是煙囪，突出在灶臺之上。淳于髡看到煙囪是直通通的，旁邊堆滿了柴火，就勸說鄰居把煙囪改成「曲突」，即彎曲的煙囪，把柴火移走。鄰居不聽，結果有一天起火，直通通的煙囪拔火很厲害，屋子燒了大半。火撲滅後，鄰居宴請幫忙的人答謝，唯獨不請淳于髡，智者譏諷這種行為說：「教人曲突徙薪，固無恩澤；焦頭爛額，反為上客。」桓譚評論道，這是「賤本而貴末」之舉。

〈蘭亭修禊圖〉（局部）

明代錢穀繪，紙本設色長卷，美國大都會藝術博物館藏

　　錢穀（1508~1579），字叔寶，文徵明過其
室題曰「懸磬」，於是自號磬室，一作罄室，長
洲（今江蘇蘇州）人，明代畫家。其所畫山水繪
畫，雖從文徵明學習，卻頗得沈周的風韻。

　　〈蘭亭修禊圖〉取材自東晉王羲之〈蘭亭集
序〉，描繪東晉永和九年，暮春之初，王羲之與
名士謝安、孫綽等四十一人，在會稽山陰之蘭亭
修禊，作曲水流觴之會的故事。這是歷史上最有
名的一次「修禊」（編註：即祓禊）。陰曆三月初
三到水邊嬉戲，臨水洗濯，以驅除不祥，稱作「修

褉（ㄒㄧˋ）。王羲之在〈蘭亭集序〉中描述：「此
地有崇山峻嶺，茂林修竹；又有清流激湍，映帶
左右，引以為流觴曲水，列坐其次。雖無絲竹管
弦之盛，一觴一詠，亦足以暢敘幽情。」

　　此圖忠實再現了〈蘭亭集序〉中描繪的場
景。各名士隨意列坐於曲水之旁，清溪中，盛滿
美酒的觴正順流而下。按遊戲規則，酒觴停在誰
的面前，他就必須即席賦詩。眾人姿態不一，神
情各異，有的持卷討論，有的奮筆疾書，有的望
天凝想。周遭古樹修竹環繞，端的是清雅高逸。

# 會

## 把裝滿東西的器物蓋起來

有匪君子，充耳琇瑩，會弁如星——詩經

❶　　❷　　❸

「會」字的義項非常之多，但是今天的常用義項無非會合、開會、懂得等。

會，甲骨文字形❶，這是一個象形字，下部為底座，中間的器皿裡裝了一些東西，上部為蓋子。也有學者認為像一座糧倉，或者有鍋蓋的炊事用鍋。金文字形❷，上部和下部的蓋子、底座還是原樣，中間的器皿裡裝了更多東西，而且還添加了兩隻把手，以方便端來端去。金文字形❸和❹，中間裝的東西稍有區別，其餘部分如舊。小篆字形❺，更加規範化了。楷書字形❻。簡體字形「会」完全看不出器皿的樣子。

《說文解字》：「會，合也。」這並不是「會」字的本義，許慎把象形字當成會意字，而且把引申義當成本義。段玉裁引《禮經》中的釋義：「器之蓋曰會，為其上下相合也。」因此，「會」字的本義是器物的蓋子。這個本義跟「會」字的甲骨文和金文字形相符。周代的祭祀有個程序叫「啟會」，意思就是打開禮器的蓋子。「會，合也」是這個本義的引申義，蓋子蓋上了，器物自然就合在一起。

今天的財務人員叫作「會計」，其實來源非常久遠。周代時，大宰和小宰這兩種官職的官員，要會集相關的工作人員，對收支情況進行統計，每月終統計一次叫「要」，每年終統計一次叫「會」，即《周禮》所言：「歲

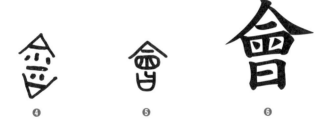

④ ⑤ ⑥

終，則會計其政。」鄭玄說：「司會主天下之大計。」也就是，「司會」這個官職主持國家年終的核算，稱「大計」。會集財務人員進行大計，故稱「會計」。因此，段玉裁說：「凡曰會計者，謂合計之也，皆非異義也。」不過為了區別「會合」之「會」的讀音「ㄏㄨㄟˋ」，古人為「會計」之「會」添加了另外的讀音「ㄎㄨㄞˋ」。

紹興古稱會稽（編註：讀音為ㄍㄨㄟˋ ㄐㄧ），就是由「會計」一詞而來。根據《越絕書》的記載：「禹始也憂民救水，到大越，上茅山，大會計，爵有德，封有功，更名茅山曰會稽。」其中，「大會計」，即大會諸侯計功；「計」和「稽」是通假字，因此有「會稽」的稱謂。

今天使用的匯票、支票等銀行票據，明清時期叫「會票」，更早在南宋時期叫「會子」。為什麼會有這樣的稱謂呢？就是從「會」字本義引申而來。這是異地支付款項的憑證，在一地交款領票，到另一地憑證兌換，兩者合在一起方能支付。

「會」還有一個鮮為人知的奇特義項：縫隙。《詩經·淇奧》：「有匪君子，充耳琇瑩，會弁如星。」其中，「匪」，通「斐」，有文采的樣子；「琇瑩」，美石；「弁」，鹿皮製的帽子。這句詩的意思是：有位神采奕奕的君子，耳朵上鑲嵌著美麗的寶石，帽子的接縫處也鑲嵌著美麗的寶石，像星星一樣閃閃發亮。這裡的「會」讀作「ㄎㄨㄞˋ」，「會」的本義既然是器物的蓋子，蓋上時一定會有縫隙，因此引申出「縫隙」的意思。周代禮制規定：「王之皮弁，會五采玉琪。」國君的鹿皮帽上，要在縫合處綴五彩的美玉。

❶

❷

## 弁

### 雙手捧著帽子準備戴上

未幾見兮，突而弁兮！——《詩經》

「弁」這個字今天使用的頻率非常低，人們最熟悉的用法大概就是軍閥時代或舊小說中「武弁」、「馬弁」等稱謂，指稱低級武官及其護兵，有時土匪的隨從也俗稱「馬弁」。「弁」到底是什麼東西？相信大多數人都想不到，「弁」乃是古代冠冕制度中非常重要的一種禮帽。

弁，甲骨文字形❶，左右兩側是兩隻手，中間的方形代表一頂帽子，這頂帽子就是統治階層所戴的「冕」。徐中舒先生在《甲骨文字典》中說：「殷墟婦好墓出土之石人有頭戴圓形束髮之冕者。」之所以作方形，是為了便於在龜甲上契刻的緣故。整個字形會意為雙手捧著帽子準備戴上。

弁，金文字形❷，著名學者容庚先生在《金文編》中把這個字形釐定為「共」，很明顯是錯誤的，因為可以清楚地看出與甲骨文的傳承關係。「弁」的金文字形中的冕或作圓形，或作方形，表示的含義都是一樣的。《說文解字》中還收錄了作為小篆前身的籀文字形❸，上面冕的形狀更為繁複。小篆字形❹，上面冕的形狀雖然不大能看得出來，但雙手捧帽之形仍是一致的。我們今天所使用的「弁」字，除了下面的雙手之外，實在是看不出帽子之形了。

《說文解字》：「弁，冕也。周曰弁，殷曰吁，夏曰收。」三代異名，實為一物。夏代叫「收」，徐中舒先生

288

❸

❹

解釋說：「收指圓形之冕有收斂頭髮之用。」殷商叫「冔」，徐中舒先生解釋說：「冔即紆，謂圓形之冕縈紆於頭上。」周代則稱「弁」。

「弁」分兩種，使用的場合也不一樣：紅中帶黑的爵弁，用於祭祀；用幾塊白鹿皮拼接而成的皮弁，用於田獵戰伐，因此後世的低級武官稱「武弁」、「馬弁」，就是由這一功能而來。

根據《儀禮・士冠禮》的記載：周代貴族男子到了二十歲，要舉行冠禮，即成人禮。行禮時由來賓加冠三次：第一次加緇布冠，「緇（ㄗ）」是黑色，黑布冠乃周人先祖所戴，這是表示不忘先祖之意；第二次加皮弁，表示已經成人，可以田獵征戰了；第三次加爵弁，表示能夠參加祭祀了。

《詩經・國風・甫田》是一首思念遠人的詩篇，最後一章寫得趣味盎然：「婉兮孌兮，總角丱兮。未幾見兮，突而弁兮。」其中，「婉」、「孌」都是形容年少美好的樣子；「總角」指尚未成年的男孩子、女孩子把頭髮紮成兩髻，狀如兩角，「總」即繫紮之意；「丱（ㄍㄨㄢˋ）」即指兩角之形，從組合而成的左右兩半字形上就能夠看出來。

這幾句詩，馬持盈先生的白話譯文為：「婉孌的兒童，頭上束著兩條小辮子，好像沒有多久的時間，怎麼他就戴起弁冠了。光陰真是過得太快，人們的生命旅程真是轉換得太迅速了。」

「未幾見兮，突而弁兮」，這兩句詩把兒童從總角突然就加冠成人的光陰流逝的感嘆，表達得多麼細膩啊！

❶　　　　　❷

盛有酒的器皿

秬鬯分藩舊‧苴茅錫命初──程可則

　　清人程可則有詩曰：「秬鬯分藩舊，苴茅錫命初。」古代帝王建社壇時用青、赤、白、黑、黃五種顏色的土，東方青，南方赤，西方白，北方黑，上覆黃土，分封諸侯時，按照封地所在的方位取一色土，再用黃土覆蓋，然後用白茅包起來授予諸侯，「茅取其潔，黃取王者覆四方」，這叫「苴（ㄐㄩ）茅」。「錫命」是天子賜予的詔命。那麼，這兩句詩中的「秬鬯」是什麼東西呢？

　　我們先來看「鬯」這個字，讀音是「ㄔㄤˋ」，甲骨文字形❶，這是一個象形字，像盛東西的器皿的形狀，上面是器身，下面是器足。甲骨文字形❷，裡面的小點代表盛的酒糟（酒粕）。金文字形❸和❹，下面盛酒漿，上面盛酒糟。小篆字形❺，下面變形成了「匕」，「匕」是用來取飯的勺子，用「匕」來舀取「鬯」中盛的酒，如此一來，「鬯」就變成了一個會意字。

　　《說文解字》：「鬯，以秬釀鬱草，芬芳攸服，以降神也。」其中「秬（ㄐㄩˋ）」是黑黍，黑色的穀物，古人把黑黍視作嘉穀，就是吉祥的穀物。秬這種黑黍和鬱金草釀成的酒就叫作「鬯」。鬱金草不是現在說的鬱金香，而是一種多年生草本植物，薑科，名為鬱金。「秬鬯」合稱，這種香酒用於祭祀降神及賞賜有功的諸侯。秬鬯酒「芬芳攸服」，酒香芬芳濃郁，飲後使人舒泰暢達。

　　《周易》中有「不喪匕鬯」的句子，「匕」是用叢生、

③　　　　　　　④　　　　　　　⑤

多刺、赤心的小棗樹製成的飯匙，長三尺，祭祀的時候用來從鼎中撈肉。匕、鬯都是祭祀用品。「不喪匕鬯」，不亡失匕和鬯，意思是國家安定，能夠守住宗廟祭祀之禮。

　　古代帝王對諸侯和大臣的最高禮遇稱作「九錫」，是賞賜的九種器物，分別是：一曰車馬，二曰衣服，三曰樂則，四曰朱戶，五曰納陛，六曰虎賁，七曰弓矢，八曰鈇鉞，九曰秬鬯。「樂則」指定音、校音的器具；「朱戶」指朱漆大門；「納陛」指便於上殿的木梯；「虎賁」指勇士；「弓矢」指特製的紅色和黑色弓箭；「鈇鉞（ㄈㄨ　ㄩㄝˋ）」指砍刀和大斧，是腰斬、砍頭的刑具；第九種就是秬鬯。

　　《禮記·表記》記載：「天子親耕，粢盛秬鬯，以事上帝。」其中，「粢（ㄗ）」是祭祀時用的穀子，「粢盛」就是盛在祭器內以供祭祀的穀物。粢盛和秬鬯都是天子親耕的儀式中，用來祭祀上帝的東西。《詩經·江漢》中有「秬鬯一卣」的詩句，「卣（ㄧㄡˇ）」是青銅製的橢圓形酒器，用這種酒器盛秬鬯。周代還有「鬯人」的官職，專門負責管理秬鬯這種香酒的保存和使用。舀鬯酒還有專門的器具，叫鬯圭，是玉製的，用它把鬯酒舀出來再斟到酒器裡。

　　「鬯」這種香酒的使用有嚴格的等級區分，戰國時期齊國的淳于髡所著《王度記》中記載：「天子以鬯，諸侯以薰，大夫以蘭芝，士以蕭，庶人以艾。」其中，「薰」是名為蕙草的香草，「蘭芝」是蘭草和靈芝，「蕭」是艾蒿，「艾」是供針灸用的艾草。可見「鬯」只能供天子專用。那麼，天子用它來做什麼呢？周代有個官職叫小宗伯，負責掌管王國祭祀的神位，祭祀的時候，小宗伯要做一件在今天看來稀奇古怪的事，

這件事叫「大肆」:「王崩,大肆以秬鬯浴。」其中,「肆」的本義是擺設,陳列;「大肆」是把天子的屍身陳列出來;「浴(ㄇㄧˇ)」是動詞,清洗屍身。這句話的意思是:天子駕崩之後,小宗伯要先「大肆」,然後用秬鬯這種香酒來清洗天子的屍身。這就是「天子以鬯」的真正含義。

**裝滿物品的受物器**

吾先君文王·作《僕區》之法──《左傳》

「區」的簡體字形「区」，裡面是一個叉，與日文漢字差不多，不容易看出區域、區別之意。而繁體字形「區」，裡面有三個口，又是怎麼表示區域、區別之意呢？

區，甲骨文字形❶，這是一個會意字，左下側的一豎一拐表示「受物之器」，裡面的三個口即是所受之物。甲骨文字形❷，大同小異。甲骨文字形❸，「受物之器」變成朝下覆蓋之形。金文字形❹，「受物之器」的形狀變成了覆蓋三面，只留一個出口，而且將三件物品串聯了起來。小篆字形❺，恢復了內外結構。

《說文解字》：「區，踦區，藏匿也。從品在匸中。品，眾也。」其中「踦（ㄑㄧˇ）」是傾側的樣子，段玉裁解釋為「委曲包蔽」，意思是「受物之器」需要傾側一下才能將物品裝入其中，裝好之後，從外面就看不到這些物品了，因此「區」的本義是收藏、藏匿。

「區」裡面的「品」字，許慎解釋為「眾庶也」，谷衍奎在《漢字源流字典》中把「眾庶」理解成奴隸，認為「區」會奴隸逃亡藏匿之意」，但「眾庶」指的是平民百姓，並非指奴隸。

還有人認為「區」裡面的三個口表示大量的人口聚居，而外面的「匸（ㄒㄧˋ）」表示城牆，「區」因此會意為「有城牆保護的大片聚居地」。張舜徽先生根據古時「區」和「丘」為通假字這一現象分析道：「區有藏意，

猶丘有聚義耳。區從品在匸中，品謂物之多也。品從三口，訓眾庶，既以稱人，亦以指物。」而「丘」乃小土山，最初所藏的當然是物，不可能是人，因此「區」裡面的三個口應該訓為物品。

白川靜先生則獨闢蹊徑地認為「區」裡面的三個口是「一種置有向神禱告的禱詞的祝咒之器」，外面的「匸」「乃祕密地舉行儀式的聖所，屬於隱蔽的場所」，因此，「擺列有眾多的祈禱用具的場所稱『區』」。古人造字，首先從日常生活中取材，白川靜先生的解釋雖然新穎，但畢竟離日常生活過於遙遠。

《左傳·昭公七年》中有「吾先君文王，作《僕區》之法，曰『盜所隱器，與盜同罪』」的記載，是理解「區」的本義的最佳例證。「先君文王」指楚文王。杜預說「僕區」乃是楚國的刑書之名，一條條具載刑法條文的法律文本。東漢學者服虔解釋說：「僕，隱也；區，匿也。為隱亡人之法也。」其中「亡人」指逃亡者，「隱亡人」即今天所說的窩藏之罪。這個解釋倒是符合谷衍奎所謂「會奴隸逃亡藏匿之意」，但《僕區》之法的具體條文則是：「盜所隱器，與盜同罪。」意思是盜取他人行竊後隱藏起來的贓物，也屬於盜竊罪。「區」正對應「隱器」，指藏匿起來的器物，聯想一下「區」字中藏匿在裡面的那三個口，多麼具象的寫照啊！

段玉裁又說：「區之義內藏多品，故引申為區域，為區別。」這就是「區」當作區域、區別之意的引申。

　　這是一幅「春信式」繪曆。江戶後期的日本使用太陰曆，月份區分為三十天的大月和二十九天的小月，每年大小月的排列組合都不同，記載大小月份變化的年曆成為日常生活必需品。明和二年（1765），江戶的俳諧詩人之間開始流行交換一種精緻的圖畫日曆（木刻「繪曆」），鈴木春信適逢其會，領導了大幅彩色木版「繪曆」的創制，從此「錦繪」開始大行其道。這幅繪曆將標記月份的數字巧妙隱藏在畫中人物衣服的花紋裡，是「春信式」繪曆的一貫做法。

　　春信構圖多用自然風景或建築物，背景總是充滿抒情意味和詩的意境。這幅畫可能是一套雙聯畫的左幅，畫面上一個年輕的持傘男子悄然藏身於「冂」字形竹編圍牆內，神情安靜，又似略帶一點甜蜜期待。他是來見情人的吧，故意在情人拉開障子門的時候藏起來，想給對方一個驚喜呢，還是頑皮心起，要戲弄一下對方呢？

# 相撞發出巨響的鈴鐺和鈴舌

唐

惟彼陶唐，有此冀方──《尚書》

《尚書‧五子之歌》中吟詠道：「惟彼陶唐，有此冀方。」冀方泛指中原地區；陶唐既是部落名，又是地名，著名的帝堯為其領袖，因此帝堯又稱唐堯。《尚書》中這兩句詩是歌頌帝堯定都冀州而統治天下四方。

唐，甲骨文字形❶，有學者認為這是一個會意字，上面是鐘鈴狀的樂器，下面是「口」，會意為說話像鈴鐺一樣響亮，說大話。這同樣也是許慎的解釋，《說文解字》：「唐，大言也。」大言即大而無邊之言，當然就是形容說大話。我認為這種解釋是錯誤的，因為帝堯既然以「唐」為號，那麼「唐」一定是一個褒義的字，帝堯絕不可能自詡擅長說大話。

我認為這是一個象形字，整體就像鐘鈴狀的樂器，上部是鈴鐺的外形，下部不是「口」，而是鈴舌。甲骨文字形❷，上部更像鈴鐺的外形。甲骨文字形❸，照理說鈴鐺和鈴舌是一體的，中間有線繩相連，但是在前兩個字形中，鈴鐺和鈴舌卻是分離的。這第三個字形，鈴鐺和鈴舌結合為一體，更有說服力地證明了整個字形就像鐘鈴狀的樂器之形。金文字形❹，何其美觀的一個鈴鐺！小篆字形❺，上部的鈴鐺變形得厲害，竟然變成了好像兩隻手持杵的樣子，以至於白川靜先生根據小篆字形，誤釋為雙手持杵舂米，並進而認為「唐」的本義是碾製奉獻給神靈的白米。

③　　　　　　④　　　　　　　⑤

如此一個鈴鐺狀的「唐」字，本義到底是什麼呢？在《論衡・正說》篇中，王充先說：「唐、虞、夏、殷、周者，土地之名。堯以唐侯嗣位，舜從虞地得達，禹由夏而起，湯因殷而興，武王階周而伐，皆本所興昌之地，重本不忘始，故以為號，若人之有姓矣。」然後認為這幾個國號乃「功德之名，盛隆之意也」，而「唐之為言蕩蕩也」。什麼叫「蕩蕩」？《尚書・洪範》：「無偏無黨，王道蕩蕩。」《論語・泰伯》：「子曰：『大哉堯之為君也！巍巍乎！唯天為大，唯堯則之，蕩蕩乎，民無能名焉。』」可見「蕩蕩」一詞是形容德行廣大，正如南朝學者顧野王在《玉篇》中所言：「堯稱『唐』者，蕩蕩，道德至大之貌。」

「唐之為言蕩蕩也」，顯然是稱讚帝堯德行廣大。鐘鈴狀的樂器發出聲音的時候，響聲盪漾開去，很遠就可以聽到，而且餘音裊裊，因此用鐘鈴之形來造「唐」字，本義即為廣大、浩蕩，哪裡是一個貶義的字？由「唐」所組的詞也都是中性詞，並無貶義的成分。《莊子・天下》篇中說：「莊周聞其風而悅之，以謬悠之說，荒唐之言，無端崖之辭，時恣縱而不儻，不以奇見之也。」這是莊子稱讚「古之道術」的話，他很喜歡這種道術，以幽玄的理論，以廣大的言語，以無邊無際的言辭，時時恣意發揮而不拘執，不持偏見。「荒唐」的意思是廣大、漫無邊際，這才是「荒唐」一詞的本義。

至於唐朝以「唐」為國號，乃是因為唐高祖李淵的祖父李虎被封為唐國公，李淵後來繼承這一爵位。值得說明的是，李虎所封的「唐」地，正是陶唐氏部落和帝堯的故地。

扁

用長短不一的木條編成單扇門

有扁斯石，履之卑兮——《詩經》

「扁」這個漢字，今天使用最多的義項就是用來描述物體扁平的形狀。但是，從字形上怎麼能夠看出來扁平之形呢？換言之，古人造出這個字來表示扁形之意的時候，看到的是什麼？想到的又是什麼？這是一個非常有趣的追索過程。

甲骨文中還沒有發現「扁」字，也就意味著這個字的出現較晚，金文字形❶，左邊是表示半扇門的「戶」，右邊則是「冊」。小篆字形❷，改換為上下結構，但下面的「冊」並非像今天這麼規整，中間的四豎、五豎長短不一，沒有一定之規。

《說文解字》：「扁，署也。從戶冊。戶者，署門戶之文也。」許慎的意思是說，「冊」表示文字，把文字題寫到門戶之上，這就叫「扁」。據此則「扁」即「匾」的初文，指匾額。

許慎在《說文解字·敘》中縷述文字的演變，其中說：「秦書有八體：一曰大篆，二曰小篆，三曰刻符，四曰蟲書，五曰摹印，六曰署書，七曰殳書，八曰隸書。」

「殳（ㄕㄨ）」是竹木所製的長柄兵器，因此用作兵器的代稱，「殳書」即指鑄於兵器上的銘文。

至於署書，徐鍇引南齊宗室蕭子良的話說：「署書，漢高六年蕭何所定，以題蒼龍、白虎二闕。」張舜徽先生在《說文解字約注》一書中進一步解釋說：「此即後

**❷**

世門堂題字之始。門堂題字，今猶謂之扁額，或稱榜書……《後漢書·百官志》云：『孝子順孫，烈女義婦及學士為民法式者，皆扁表其門。』此又後世旌閭之事所由昉也。」（編註：旌閭，指旌表門閭，用於表彰的匾額或牌坊。昉，指開始。）

多數學者都認為「扁」的本義就是在門戶上題字，而橫在門楣上的這塊題字之匾一定是寬而薄的，因此引申為扁平之形。當「扁」用於扁形之意時，又分化而造出一個「匾」字，外面的框形表示匾有邊框。

不過，事實恐怕並非如此。徐中舒先生在《甲骨文字典》中質疑道：「然漢墓出土簡冊之形制，皆由大小長短相同之札編結而成，並非一長一短。」也就是說，書冊之「冊」的竹簡是長短相同的，這樣才便於書寫和裝訂，但「扁」中的「冊」卻長短不一。

白川靜先生在名篇〈作冊考〉一文中提出的觀點非常有說服力：「冊字的古義大概就在扁字之中，冊當即柵之初文，像扁門的扉形。考卜辭金文中的冊字，其直枝有三條至六條的各形，而其長枝上部亦有稍呈圓狀者。至於橫的二編，或兩端相連而成圓形，或一端相連一端上下分開，或兩端與長枝平齊……這些都是編木成扉的形狀，不可能是長短不齊的簡札或龜板。」

在《常用字解》一書中，他還指出：「金文中，有二『冊』中間畫有動物之字形，這表示關著牛羊等犧牲的『牢閑』（檻）之扉。」

綜上所述，「扁」的本義應當指「編木成扉」的單扇門，因形狀扁平，故引申為扁平之形；而且早在詩經時代就已具備這個義項。《詩經·小雅·白華》是女子怨恨男人無良心之詩，最後一章吟詠道：「有

扁斯石，履之卑兮。之子之遠，俾我
疧兮。」其中「疧（ㄓ）」指病。意思
是說：有一塊扁平的石頭，你踩在上
面也就顯得卑下了。如今你遠離了我
另結新歡，就像踩在扁石上一樣顯得
卑下，想起來我就會病痛啊！

　　「扁」當作匾額的義項，不過是
更晚的引申義了。

〈甕牖圖〉（局部）
元代趙孟頫繪，絹本設色，臺北故宮博物院藏


　　趙孟頫（1254~1322），字子昂，號松雪道人，吳興（今浙江湖州）人，乃宋朝皇室後代。詩文清遠，書畫復唐宋古風，為後世所宗。他開啟了以「寫意」為主的文人畫風，集前代大成，題材廣泛，設色獨特，講求絢爛之極仍歸自然，被稱為「元人冠冕」，對後人影響深遠。

　　這幅〈甕牖圖〉畫的是子貢見原憲的故事，出自《孔子家語》。二人皆列入孔門七十二賢。子貢指端木賜，衛人，經商相魯致富。原憲，字子思，宋人，樂道隱居而貧。子貢見原憲，發現其居所乃一間桑木為門軸，破甕為窗口的陋室。論家產，二子可謂貧富懸殊。此畫意在昭示君子貧而無諂，富而無驕，以德樂道之理。畫面上，從甕窗口可見屋內正在讀書的原憲，他聽到門聲，側頭張望。叩門者是子貢的隨從。門是一扇簡陋的「編木成扉」的單扇門。此畫山石無皴，僅勾勒輪廓，後填以青綠，人物衣紋行筆柔暢有力，有唐人古風。

索

## 用手搓草做繩索

❶

❷

《小爾雅·廣器》:「大者謂之索,小者謂之繩。」這是繩和索的區別。還有一種說法是:「麻絲曰繩,草謂之索。」我們來看看「索」的這兩個特徵。

索,甲骨文字形❶,這是一個象形字,于省吾先生說:「索本像繩索形,其上端歧出者象束端之餘。」從字形來看,這是用兩股草繩擰成的一條「索」,從下往上擰,擰成之後在上面打了一個結,這個結就是「其上端歧出者象束端之餘」。甲骨文字形❷,右下方添加了一隻手,表示用手在搓繩,上下的幾個黑點表示搓繩時掉落的草屑。這就變成了一個會意字。甲骨文字形❸,下面添加了兩隻手。金文字形❹,上面添加了一個屋頂,表示是在屋子裡搓繩子。小篆字形❺,中間還保持著繩索的樣子,但是左右的兩隻手卻變形得厲害。楷體字形則連手都省略了。

《說文解字》:「索,草有莖葉,可作繩索。」用草擰成的繩索當然比用麻絲擰成的繩索大,因此「大者謂之索」。《列子·天瑞》篇中寫道:「孔子遊於太山,見榮啟期行乎郕之野,鹿裘帶索,鼓琴而歌。」榮啟期是一位隱士,鹿裘則是隱士的標準裝束,隱士當然清貧,榮啟期就清貧到用草擰的繩索當作衣帶束起鹿裘,但仍然鼓琴而歌,一副怡然自得的樣子。

周代有大司徒一職,掌國家之土地和人民。《周禮》

**❸** **❹** **❺**

中記載，荒年的時候，大司徒救濟百姓，使百姓不離散的措施共有十二條，第十一條叫作「索鬼神」。繩索是農事或打獵的用具，比如將獵取的野獸捆縛起來，因此可以引申為求取，「索鬼神」就是向鬼神祈禱，求取鬼神的保佑。古時歲末要合祭百神，稱作「蜡祭（ㄓㄚˋ ㄐㄧˋ）」。《禮記·郊特牲》記載：「蜡也者，索也，歲十二月，合聚萬物而索饗之也。」意思是聚起收穫的農作物和牲畜，求取鬼神來享用這些祭品。此外還有「索祭」之稱，「索祭祝於祊」，「祊（ㄅㄥ）」是宗廟之門，「索祭」就是在廟門處祭神，求取神的保佑。

　　「索」字還有很多有趣的義項。陸游的《老學庵筆記》記載：「今人謂娶婦為索婦，古語也。孫權欲為子索關羽女，袁術欲為子索呂布女，皆見《三國志》。」其中「索婦」就是求取妻子之意。這裡又出現了漢語的有趣現象：反義同字或反義同詞，即一個字或一個詞可以表示正面意思及反面意思。「索婦」曰「索」，「索」不到婦竟然也叫「索」！清人李調元在《卍齋瑣錄》一書中說：「丈夫無婦曰索，見《字彙補》。按古人謂索居即鰥居。」由於「索」的本義是用手搓成的繩索，反義則可形容繩索散開，因此「索」引申為離散，比如離群索居，即指和同伴離散而孤獨地散處一方。「丈夫無婦曰索」即由此而來。

　　「索」又由繩索引申為髮辮。《資治通鑑》中，司馬光有一段議論說：「宋、魏以降，南北分治，各有國史，互相排黜，南謂北為索虜，北謂南為島夷。」胡三省解釋說：「索虜者，以北人辮髮，謂之索頭也。」原來，北朝之人都留髮辮，被南朝蔑稱為「索虜」或「索頭」，南朝學者沈約所撰的史書《宋書》甚至專列一章《索虜列傳》！

# 漢字裡的故事 藏在漢字裡的古代生活史

**作者** 許暉

**封面設計** 萬勝安

**內文設計** 黃雅藍

**執行編輯** 洪禎璐

**責任編輯** 劉文駿

**行銷業務** 王綏晨、邱紹溢

**行銷企劃** 曾志傑、劉文雅

**副總編輯** 張海靜

**總編輯** 王思迅

**發行人** 蘇拾平

**出版** 如果出版

**發行** 大雁出版基地

**地址** 台北市松山區復興北路333號11樓之4

**電話** （02）2718-2001

**傳真** （02）2718-1258

**讀者傳真服務**（02）2718-1258

**讀者服務E-mail** andbooks@andbooks.com.tw

**劃撥帳號** 19983379

**戶名** 大雁文化事業股份有限公司

**出版日期** 2022年2月 初版

**定價** 480元

**ISBN** 978-626-7045-18-3

國家圖書館出版品預行編目資料

漢字裡的故事：藏在漢字裡的古代生活史 / 許暉著. -- 初
版. -- 臺北市：如果出版：大雁出版基地發行, 2022.02
面；公分
ISBN 978-626-7045-18-3（平裝）

1.社會生活 2.生活史 3.中國

630                                         110022167

圖書許可發行核准字號：文化部部版臺陸字第110415號
出版說明：本書係由簡體版圖書《漢字裡的中國 藏在漢字裡的古代生活史》
以正體字在臺灣重製發行，期能藉引進華文好書以饗臺灣讀者。